LESEN/SCHREIBEN/RECHNEN
Kurse für Erwachsene
Information:

www.alfatelefon.at
www.facebook.com/basisbildung

Gefördert aus Mitteln des Europäischen Sozialfonds und des Bundesministeriums für Bildung

Kraut & Rüben
Kulturpflanzen im Blickpunkt

Kraut & Rüben
Kulturpflanzen im Blickpunkt

freya

Diese Publikation erscheint anlässlich der Ausstellung

„Kraut & Rüben – Menschen und ihre Kulturpflanzen"

20.3. 2011 bis 12.2.2012
im Landesmuseum Niederösterreich, St. Pölten
Direktor: Erich Steiner

Herausgeber: Erich Steiner

Medieninhaber: Landesmuseum Niederösterreich (Amt der NÖ Landesregierung, Abteilung Kultur und Wissenschaft, und Niederösterreichische Museum BetriebsgesmbH), St. Pölten, Österreich

Katalog des Landesmuseums Niederösterreich/ Neue Folge Nr. 492

ISBN 978-3-99025-026-6
© 2011 Freya Verlag KG, A-4020 Linz
Grafische Gestaltung: freya_art
Lektorat: Mag. Walter Lanz
© für die Textbeiträge bei den Autoren
© für die Fotografien und Grafiken: siehe Bildnachweise
Umschlagbild vorne: St. Liewehr
Umschlagbild hinten: W. Gamerith

printed in EU

Alle Rechte, auch das des auszugsweisen Abdrucks und das der Reproduktion einer Abbildung, sind vorbehalten. Das Werk einschließlich seiner Teile ist urheberrechtlich geschützt. Jede Verwertung ist unzulässig. Dies gilt insbesondere für Vervielfältigungen, Mikroverfilmungen, Übersetzungen und die Einspeicherung in und Verarbeitung durch elektronische Systeme.

Inhalt

Erich Steiner
7 **Vorwort**

Beate Koller
9 **Kulturpflanzen in Niederösterreich**

Marianne Kohler-Schneider
21 **Geschichte der Kulturpflanzen und der Landwirtschaft in Niederösterreich**

Martin Bauer/Ernst Langthaler
29 **Altbekannte Neulinge auf Niederösterreichs Äckern seit 1750**

Ingrid Haslinger
37 **Spargel – Das Kaisergemüse**

Ingrid Haslinger
41 **Erdäpfel – Das Marzipan des armen Mannes**

Bernhard Kaar
49 **Geschichte und Kulturgeschichte des Safrananbaus in Niederösterreich**

Erich Landsteiner
53 **Zur Geschichte des Weinbaus in Niederösterreich**

Heinrich Grausgruber
61 **Emmer, Einkorn und Waldstaudenkorn**

Martina Kaller-Dietrich
69 **Mais, Paradeiser, Paprika, Bohnen – Kulturpflanzen aus Amerika**

Irmi Salzer
79 **Kulturpflanzenvielfalt und Strukturwandel in Niederösterreich und anderswo**

Michaela Arndorfer
85 **Alte Krautsorten in Niederösterreich: Geschichte eines unauffälligen Verschwindens**

Ferdinand Lembacher
91 **Pflanzenbau in Niederösterreich**

Erich Steiner
99 **Maulbeere, Krapp, Waid und Tabak – vergessene Kulturpflanzen in Niederösterreich**

Bernd Kajtna
111 **Apfelsorten in Niederösterreich – Weltsorten versus Lokalsorten**

Bernd Kajtna
117 **Das Plus im Weingarten – Weingartenpfirsich und Weingartenknoblauch**

Georg Schramayr
127 **Kriecherl, Pfludern, Siewerl & Co**

Andrea Heistinger
135 **Gemeinschaftsgärten mit Geschichte: Pflanzsteige am Beispiel Schiltern**

Andrea Gruber-Keil
141 **Ribisel und Stachelbeeren als Weinersatzkultur**

Helmut Reiner
147 **Ölpflanzenbau und Speiseölherstellung in Niederösterreich**

Bernhard Haidler
153 **Kraut und Rüben – harmonische Beziehungen im Gemüsebeet?**

159 **Verzeichnis der Autoren**

Vorwort

Wer in tropischen Gefilden einen Markt besucht, wird von der Vielfalt der angebotenen Früchte und des Gemüses beeindruckt sein. Unterschiedlichste Lebensbedingungen und Bedürfnisse des Menschen ließen im Laufe von Jahrtausenden ein ungeheuer breites Spektrum von Kulturpflanzen entstehen. Viele der Getreide-, Obst- und Gemüsearten haben einen langen gemeinsamen Weg mit dem Menschen zurückgelegt, der teilweise bis in die Jungsteinzeit zurückreicht. Dabei nutzen wir nur einen verschwindend geringen Teil der theoretisch zur Verfügung stehenden pflanzlichen Ressourcen. Von den rund 270.000 heute bekannten höheren Pflanzen werden etwa 75.000 als essbar eingestuft. Angebaut werden rund 700, in größerem Umfang produziert etwa 160 Arten. Mit 20 Pflanzenarten werden ca. 90 % der Welternährung bestritten, wobei 56 % des menschlichen Tageskonsums an Protein von nur drei Pflanzenarten – nämlich Weizen, Soja und Reis – geliefert werden. Diese Beschränkung auf wenige Pflanzenarten ist angesichts der Versorgungsengpässe in Entwicklungsländern und des großen potenziellen Angebotes nicht nachvollziehbar. Die Anzahl der kultivierten Arten und Sorten wird insgesamt immer geringer, laut FAO ist seit 1900 aus verschiedensten Gründen 75 % der landwirtschaftlichen Vielfalt verloren gegangen.

Auch im heimischen Supermarkt wirkt das Angebot vielfältig, die Fülle an tropischem Obst und Gemüse täuscht über die Sortenverarmung hinweg. Man denke hier beispielsweise an Äpfel: Von den 600 bis 800 in Österreich vorhandenen Apfelsorten sind nur zehn von marktwirtschaftlicher Bedeutung, drei bis vier Sorten dominieren den gesamten Markt. In den letzten Jahrzehnten sind hunderte Kulturpflanzensorten hauptsächlich aus wirtschaftlichen Gründen vom Markt und aus den Gärten verschwunden. Vielfalt, guter Geschmack und Vitalität mussten Eigenschaften wie hohem Ertrag, guter Transport- und Lagerfähigkeit, maschineller Beerntbarkeit usw. weichen.

In den letzten Jahren zeichnet sich allerdings eine Trendwende ab. Vereine wie Arche Noah im niederösterreichischen Schiltern oder Pro Species Rara in der Schweiz, aber auch viele Privatpersonen kümmern sich mit großem Engagement und Leidenschaft um die Erhaltung und Vermehrung fast vergessener oder gefährdeter Sorten, die in der gewerblichen Züchtung keinen Platz mehr haben. Das Bewusstsein für Vielfalt im Garten und das Interesse an alten Sorten ist in letzter Zeit enorm gestiegen. Pflanzentauschmärkte boomen, das diesbezügliche Angebot der Buchverlage ist mittlerweile unüberschaubar geworden.

Dieses Buch soll daher auch kein Pflanzenbuch im herkömmlichen Sinn sein, sondern Kulturpflanzen im weitesten Sinn in den Fokus unterschiedlichster Blickwinkel stellen. Niederösterreich und seine vielen regionalen Besonderheiten stehen dabei im Zentrum der Betrachtung. Die große inhaltliche Bandbreite der einzelnen Beiträge ermöglicht einen einzigartigen Einblick in die vielfältige Welt der Kulturpflanzen.

Mich persönlich haben Nutzpflanzen schon immer interessiert. Waren es im Schrebergarten der Mutter zunächst Geschmack, Form und Farbe, kam später das Interesse an ihrer (Kultur-)Geschichte und Herkunft hinzu. Heute – als leidenschaftlichen Hobbygärtner und Koch – faszinieren mich Sorten- und Geschmacksvielfalt ebenso wie Ertragseigenschaften. Die Herstellung eines Buches, das sich mit Kulturpflanzen beschäftigt und als Ergänzung zu einer Ausstellung gleichen Inhalts im Landesmuseum Niederösterreich erscheint, waren für mich daher nicht nur ein Anliegen und eine besondere Herausforderung, sondern auch eine große Freude. Mein Dank gilt allen Autoren für die Bereitschaft, ihren Beitrag zu leisten, Arche Noah und zahlreichen Fotografen für die Bereitstellung von Fotos und Beate Koller für inhaltliche Anregungen.

Erich Steiner

Bauerngarten im Waldviertel
Foto: W. Gamerith

Kulturpflanzen in Niederösterreich

Beate Koller

> „Kulturpflanzen sind Pflanzen, die mit dem Menschen tanzen."
> *Wolf-Dieter Storl – Bekannte und vergessene Gemüse*

Die Koevolution von Menschen und Pflanzen

Die Evolution der Kulturpflanzen hat – erdgeschichtlich gesehen – in einem sehr kurzen Zeitraum stattgefunden. So sind auch die Ausgangsformen der Kulturpflanzen noch erhalten und vielfach bekannt, und man kann die enormen Veränderungen von der Wildpflanze zur Kulturpflanze ermessen.

Die Geschichte der Entstehung der Kulturpflanzen kann man jedoch nicht nur als biologischen Prozess beschreiben. Es ist auch die Geschichte der Beziehung zwischen Menschen und Pflanzen, eine Geschichte von Wanderungen und Veränderungen, die nicht nur die Pflanzen, sondern ebenso die Menschen betreffen. Nicht zu unrecht fragt Michael Pollan in seiner „Botanik der Begierde", ob wir die Züchter oder die Gezähmten der Kulturpflanzen seien.

Die Antwort lautet: Es sind zwei Seiten einer Medaille. Denn wo mit den Kulturpflanzen enorme genetische Veränderungen vor sich gegangen sind, haben die Menschen ihrerseits ihr Verhalten in hohem Maß auf die Pflanzen eingestellt. Wir investieren viel Zeit in ihre Weiterentwicklung, Vermehrung und Pflege, und haben manche Arten auf der ganzen Welt verbreitet.

Essen zählt wohl zu den essenziellen Handlungen in unserem Leben, unsere Nahrungsmittelproduktion prägt das Aussehen der Erde und das Weltklima - in metereologischer wie in sozialer Hinsicht. Dennoch ist die Wertschätzung für Lebensmittel in Mitteleuropa gering, und ebenso das Wissen über unsere Nahrungspflanzen und ihre Geschichte.

Wie die Nahrungspflanzen heimisch wurden

In Niederösterreich begann die spezielle Beziehung zwischen Menschen und Pflanzen mit der Einwanderung von Siedlern in der Jungsteinzeit vor rund 5 500 Jahren. Diese Siedler waren die ersten Ackerbauern. Ihre Kulturpflanzen brachten sie großteils aus dem Gebiet des Fruchtbaren Halbmondes mit, wo die Landwirtschaft in Europa ihren Ursprung nahm, und aus dem angrenzenden Mittelmeerraum.

Die meisten Kulturpflanzen wurden vor Jahrtausenden in Kultur genommen. Es sind archäologische Funde und historische Belege, die Rückschlüsse auf den Zeitraum der Domestikation erlauben. Tabelle 1 (siehe Seite 10) gibt einen Überblick über Herkunftsgebiete, Einführungsrouten und Einführungszeitpunkte nach Mitteleuropa für ausgewählte Kulturpflanzen.

Dabei wird deutlich, dass es kaum mitteleuropäische Kulturpflanzen gibt. Selbst da, wo die wilden Verwandten auch bei uns heimisch sind, wie zum Beispiel bei der Karotte, lag der Ursprung der Kulturformen woanders. Lediglich einige moderne Kulturpflanzen wie Karotin-Karotte oder Zuckerrübe sind europäische Entwicklungen, die jedoch meist auf älteren Kulturpflanzen beruhen. Ergiebiger wird die Suche nach den heimischen Nahrungspflanzen beim halbwilden Obst. Haselnuss und Elsbeere, Dirndlstrauch und Moschus-Erdbeere – viele bei uns wild wachsende Nuss- und Beerensträucher bzw. Obstbäume wurden wohl seit Jahrtausenden nicht nur genutzt, sondern auch selektiert, und interessante Typen wurden gezielt weitervermehrt.

Gemüsevielfalt
Foto: Arche Noah

Tab. 1: Herkunftsgebiete ausgewählter Kulturpflanzen, Einführungsrouten und Einführungszeitpunkte nach Mitteleuropa

Kulturpflanze	Wissenschaftlicher Name	Herkunftsgebiet	Älteste Funde / Einführungszeitraum in Mitteleuropa
Einkorn	Triticum monocccum	Fruchtbarer Halbmond*	Um 5 600 v. Chr.
Emmer	Triticum dicoccon	Fruchtbarer Halbmond*	Um 5 600 v. Chr.
Gerste	Hordeum vulgare	Fruchtbarer Halbmond*	Um 5 600 v. Chr.
Saat-Hafer	Avena sativa	Nur in Kultur bekannt. Urspr. Getreideunkraut	Ab 800 v. Chr.
Saat-Roggen	Secale cereale	Nur in Kultur bekannt. Urspr. Getreideunkraut	Ab 800 v. Chr.
Nacktweizen	Triticum aestivum	Fruchtbarer Halbmond*	Ab 800 v. Chr.
Dinkel	Triticum spelta	Unklar, ev. Weizen-Mutant	Ab 2 200 v. Chr.
Rispenhirse	Panicum miliaceum	Unbekannt. Vielfaltszentrum in Ostasien	Ab 2 200 v. Chr.
Buchweizen	Fagopyrum esculentum	Zentralasien	Ab 1 200 n. Chr.
Mais	Zea mays	Mexiko	Ab 1 500 n. Chr.
Mohn	Papaver somniferum	Östl. Mittelmeerraum	Um 5 600 v. Chr.
Lein	Linum usitatissimum	Fruchtbarer Halbmond*	Um 5 600 v. Chr.
Hanf	Cannabis sativa	Unklar. Ev. Teile Zentral- und Ostasiens. In vielen Ländern verwildert	Ab 800 v. Chr.
Sonnenblume	Helianthus annuus	Nordamerika	Ab 1 500 n. Chr.
Ölraps	Brassica napus	Östl. Mittelmeerraum	Ab 1 400 n. Chr.
Zuckerrübe	Beta vulgaris	Deutschland	19. Jh.
Soja	Glycine max	Nur in Kultur bekannt. Wahrscheinlich in Ost-, Südost- und Südasien	18. Jh.
Erbse	Pisum sativum	Fruchtbarer Halbmond*	Um 5 600 v. Chr.
Linse	Lens culinaris	Fruchtbarer Halbmond*, primäres Vielfaltszentrum vom Hindukusch bis Afghanistan, sekundäre in Äthiopien und im Mittelmeerraum	Um 5 600 v. Chr.

Kulturpflanze	Wissenschaftlicher Name	Herkunftsgebiet	Älteste Funde / Einführungszeitraum in Mitteleuropa
Ackerbohne	Vicia faba	Nur in Kultur bekannt. Ev. Fruchtbarer Halbmond*	Ab 2 200 v. Chr.
Bohne	Phaseolus vulgaris	Mittel- und Südamerika	Ab 1 500 n. Chr.
Kartoffel	Solanum tuberosus	Südamerika	Ab 1 500 n. Chr.
Karotte	Daucus carota	Mittelmeerraum, Afghanistan, Kleinasien	Römerzeit (15 v. Chr.- 488 n. Chr.)
Karotin-Karotte	Daucus carota	Niederlande	17. Jh.
Zwiebel			Römerzeit (15 v. Chr.- 488 n. Chr.)
Garten-Salat	Lactuca sativa	Fruchtbarer Halbmond*	Römerzeit (15 v. Chr.- 488 n. Chr.)
Tomate	Lycopersicum esculentum	Zentral- und Südamerika	Ab 1 500 n. Chr.
Paprika	Capsicum annuum	Zentralamerika	Ab 1 500 n. Chr.
Kohl	Brassica oleracea	Mittelmeerraum, Westeuropa	Römerzeit (15 v. Chr.- 488 n. Chr.)
Kohlsprossen	Brassica oleracea var. gemmifera	Belgien	18. Jh.
Melanzani	Solanum melongena	Indochina	Ab dem 15. Jh.
Mangold/Rote Bete	Beta vulgaris	Mittelmeerraum	Römerzeit (15 v. Chr.- 488 n. Chr.)
Gurke	Cucumis sativus	Nordindien	Römerzeit (15 v. Chr.- 488 n. Chr.)
Kürbis	Cucurbita spp.	Süd- und Zentralamerika	Ab 1 500 n. Chr.
Melone	Cucumis melo	Mittelasien, Indien	Römerzeit (15 v. Chr.- 488 n. Chr.)

[*] Der sog. Fruchtbare Halbmond umfasst Regionen innerhalb folgender Staatsgrenzen: Türkei, Iran, Irak, Ägypten, Syrien, Libanon, Israel, Jordanien, palästinensische Autonomiegebiete

Kulturpflanze	Wissenschaftlicher Name	Herkunftsgebiet	Älteste Funde / Einführungszeitraum in Mitteleuropa
Kultur-Apfel	*Malus domestica*	Zentralasien	Römerzeit (15 v. Chr.- 488 n. Chr.)
Kultur-Birne	*Pyrus communis*	Hybridogene Kulturart; Herkunft Vorderasien	Römerzeit (15 v. Chr.- 488 n. Chr.)
Kultur-Kirsche	*Prunus avium*	Europa, Nordtürkei, Kaukasien, Transkaukasien, Nordiran	Römerzeit (15 v. Chr.- 488 n. Chr.)
Marille	*Prunus armeniaca*	China	Römerzeit (15 v. Chr.- 488 n. Chr.)
Pfirsich	*Prunus persica*	China	Römerzeit (15 v. Chr.- 488 n. Chr.)
Ananas-Erdbeere	*Fragaria x ananassa*	Hybridogene Kulturart aus Europa; Herkunft Nord- und Südamerika	18. Jh.
Walnuss	*Juglans regia*	Östl. Mittelmeergebiet, Balkanhalbinsel, V- und M-Asien	Römerzeit (15 v. Chr.- 488 n. Chr.)
Wein	*Vitis vinifera*	S- und M-Europa, NW-Afrika, Türkei, Molawien, Ukraine, Kaukasus, Transkaukasus, Iran, Afghanistan, M-Asien, Kashmir	Römerzeit (15 v. Chr.- 488 n. Chr.)
Haselnuss	*Corylus avellana*	Europa, Transkaukasus, Kleinasien	Wildvorkommen

Im Bereich der Zwetschkenverwandten gilt Mitteleuropa sogar als sekundäres Vielfaltszentrum. Die sogenannten „Primitivpflaumen" mit ihren als Kriechen, Spänlinge oder Pfludern bezeichneten Vertretern sind auch in Niederösterreich noch in alten Obstgärten und Hecken zu finden.

Ursprung und Vielfalt

Unter „sekundären Vielfaltszentren" versteht man Gebiete auf der Erde, in denen sich unter Kulturbedingungen eine hohe Nutzpflanzen-Diversität entfaltete – im Gegensatz zu den „Ursprungszentren" mit einem hohen Anteil an wilden Verwandten unserer Kulturpflanzen. Diese Betrachtung basiert auf der „Genzentrentheorie" des russischen Wissenschafters Vavilov aus dem Jahr 1927. Diese Genzentren entwickeln sich dynamisch weiter.

Denn seit altersher sind Kulturpflanzen mit dem Menschen um den Globus gewandert. Heute sind die meisten wichtigen Kulturpflanzen weltweit verbreitet, und der Ort der größten Produktion liegt häufig fern von den Herkunftsgebieten der Kulturpflanze. Voraussetzung für die Verbreitung von Kulturpflanzen war immer, dass diese für ihre neuen Anbaugebiete geeignet, präadaptiert waren, oder dass rasch neue, besser geeignete Typen selektiert werden konnten.

So wurde die erste Kartoffel bereits 1570 nach Europa eingeführt, durchsetzen konnte sie sich aber erst 200 Jahre später mit den ersten langtags-adaptierten Typen. Dass auch kulturelle Aspekte ausschlaggebend dafür sind, ob eine neue Kulturpflanze sich durchsetzen kann, zeigt beispielhaft die Geschichte der Erdäpfel in Niederösterreich. Lange Zeit hielt eine Mischung aus Gewohnheit und Vorurteilen vom Anbau der Knollen ab.

Über den Umweg einer Zierpflanze erlangte sie schließlich den Rang einer seltenen Delikatesse und wurde anschließend von Vertretern des Adels und der Kirche, die die volkswirtschaftliche Bedeutung erkannt hatten, gezielt propagiert – wie zum Bei-

In einer „Steppenlandschaft" wie der hier abgebildeten könnten viele Getreidearten entstanden sein Foto: T. Kust

spiel vom Erdäpfel-Pfarrer Jungbluth, der im 18. Jh. in Prinzendorf wirkte.

Wenn Kulturarten in neue Gebiete gebracht wurden, kam es dabei durch Überschreitung natürlicher geographischer Barrieren immer wieder zu Verkreuzungen zwischen verwandten Arten – und so entstanden neue Kulturpflanzen. Das berühmteste Beispiel für einen solchen Prozess ist wohl die Ananas-Erdbeere (*Fragaria x ananassa*), die in Frankreich aus zwei zuvor isoliert wachsenden amerikanischen Erdbeer-Arten entstand.

Vielfalt in Bewegung

Diese ertragreiche Ananas-Erdbeere verdrängte in weiterer Folge die vorher genutzten, auch in Niederösterreich heimischen Erdbeer-Arten: Die aus der Wald-Erdbeere entstandenen Sorten von Monats-Erdbeeren, die Moschus-Erdbeeren und Majaufen. Restbestände von kultivierten Moschus-Erdbeeren lassen sich heute noch als Kulturrelikte in niederösterreichischen Weingärten aufspüren.

Solche historischen Verdrängungsprozesse gehören zur Geschichte der Kulturpflanzen.

Beispielsweise wurden die alten Blattgemüsearten Gartenmelde und Roter Meyer ab dem 15. Jh. vom Spinat ersetzt. Die Gartenmelde war während der römischen Besatzung eingeführt worden und wird heute in ost-

Verschiedene Ananas-Erdbeeren Foto: B. Koller

europäischen Gärten noch regelmäßig kultiviert. In Österreich hatte sie wahrscheinlich nie große Anbaubedeutung; der traditionelle Anbau gilt heute als erloschen.

Ausschließlich in niederösterreichischen Gärten waren noch Kulturrelikte dieser Pflanze zu finden - grünblättrige Formen, die in den betreffenden Familien eine gewisse Anbautradition hatten.

In Niederösterreich führte die Einschleppung der Reblaus zu einem dramatischen Rückgang der seit den Römern bekannten Kultur des Weines. Gleichzeitig führte dies zum Aufblühen von „Ersatz-Kulturen" wie die umfangreichen Ribisel-Kulturen um Kritzendorf oder die Marillen in der Wachau - was manchmal auch mit der Entwicklung neuer Lokalsorten verbunden war.

Das Kulturpflanzenspektrum war also immer schon einer Dynamik unterworfen.

Allerdings konnten wir jahrtausendelang eher eine Netto-Zunahme an Kulturpflanzen in Mitteleuropa beobachten[1]. Eine Grafik (siehe Seite 15) fasst diese Veränderungen zusammen. Man sieht, wie in Schüben zunächst durch die römische Expansion, dann durch die Eroberung Amerikas und durch den sich entwickelnden Welthandel immer neue Gemüse- und Getreidearten nach Mitteleuropa gelangten. Auch die Entwicklung neuer Kultursorten im Rahmen der bäuerlichen und später der wissenschaftlichen Pflanzenzüchtung war für die Erhöhung der Diversität ausschlaggebend.

In den letzten 100 Jahren muss nun ein dramatischer Verlust an Kulturarten und -sorten weltweit festgestellt werden. Die FAO spricht gar von 75 % der ehemals vorhandenen landwirtschaftlichen Vielfalt, die seit 1900 verloren gegangen sei. Als ob es sich um eine Naturgewalt handeln würde, wird dieser Verlust oft als „genetische Erosion" bezeichnet. Allerdings haben wir Menschen den höchsten Anteil an diesem Effekt:

Zahlreiche Kulturarten verschwanden aus der Produktion, weil sie durch Erdölprodukte ersetzt wurden – unter ihnen auch viele technisch genutzte Faser-, Öl- und Färbepflanzen, die früher auch in Niederösterreich kultiviert worden waren.

Während in der Vergangenheit wirtschaftliche und kulturelle Unterschiede zwischen Regionen in agrarisch orientierten Gesellschaften die Entwicklung von Lokalsorten begünstigten, tendiert die moderne Landwirtschaft eher zum Einsatz von Hochleistungssorten, die einen großen Markt abdecken.

Sorten und Saatgut sind heute Waren, die kapitalintensiv entwickelt und vermarktet werden. Durch hohen Input an Düngemitteln und Pestiziden in der konventionellen Landwirtschaft wird die frühere

Vielfalt im Garten Foto: W. Gamerith

[1] Bei der Frage, wann und wie Kulturpflanzen nach Mitteleuropa kamen, sind wir für prähistorische Zeiten auf archäobotanische Funde angewiesen. Hier ist zu beachten, dass diese für den Nachweis von Gemüse- und Obstarten recht ungünstig sind - denn wo nicht jene Pflanzenteile genutzt wurden, die durch Verkohlung und andere konservierende Prozesse über Jahrhunderte erhalten blieben, wie zum Beispiel Samen, fällt der Nachweis schwer. Eine weitere Schwierigkeit ergibt sich, wenn Kulturpflanze und Wildpflanze im selben Gebiet vorkommen, wie z. B. bei Pastinak oder Karotte – hier bieten Samenfunde keine Unterscheidungsmöglichkeit zwischen Kultur- und Wildpflanze und schon gar nicht zwischen einzelnen Kultursorten. So ist man bei vielen Gemüse- und Obstarten auf das Vorhandensein und die Deutung schriftlicher Quellen angewiesen, und es könnten neben den nachweisbaren durchaus noch andere Arten angebaut worden sein.

Standortangepasstheit von Sorten durch eine – wenn auch energie- und chemieintensive - Standortnivellierung ersetzt.

Während der sogenannten „Grünen Revolution" in den 1950er Jahren wurde die Durchsetzung der industriellen Landwirtschaft mit den dazugehörigen Sorten und dem entsprechenden Saatgut auch in den Ländern des Südens massiv vorangetrieben – ein weitreichender Verlust an lokal angepassten Sorten, die in Jahrtausenden in der bäuerlichen Landwirtschaft entstanden waren, war die Folge.

Landwirtschaftliche Produktionszweige konzentrieren sich seit Jahrzehnten zunehmend auf Gunstlagen.

Viele Kulturarten und -sorten wurden also aufgegeben, weil ihre Nutzung wirtschaftlich uninteressant geworden war. Auch die Züchtung griff diese Kulturarten natürlich nicht auf, wodurch diese vom Züchtungsfortschritt der vergangenen Jahrzehnte nicht profitieren konnten und heute vielfach den Anforderungen in Landwirtschaft und Handel nicht gewachsen sind.

Diese Pflanzen hatten jedoch im Rahmen der Selbstversorgung durchaus ihre Berechtigung – in diesem Bereich sind Kriterien wie gleichzeitige Abreife und hoher Ertrag oft nicht relevant, vielmehr sind guter Geschmack und Robustheit erwünscht. Allerdings wurde auch der Selbstversorgungsgrad in den letzten Jahrzehnten zunehmend geringer.

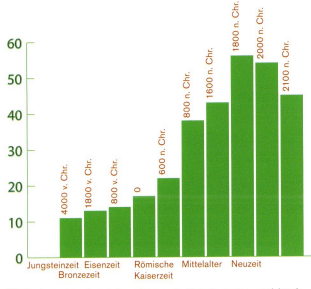

Veränderungen der Artenzahlen von Gemüsearten und landwirtschaftlichen Kulturarten in Mitteleuropa (ohne Kräuter, Färbe- und Faserpflanzen; auf Grundlage von Nutzungstypen, so wurden z. B. Wirsing und Kohlrabi, obwohl zur selben Art gehörend, als unterschiedliche Kulturen gewertet)

Gleichzeitig verschwinden auch Landwirtschaftsformen, die unter heutigen wirtschaftlichen Bedingungen nicht mehr rentabel sind.

Als Beispiel sei der inneralpine Getreideanbau zur Versorgung der lokalen Bevölkerung genannt, mit dem hunderte angepasste Lokalsorten aufgegeben wurden, während heute Getreideanbau fast ausschließlich in den Gunstlagen Ostösterreichs und des nördlichen Alpenvorlandes stattfindet.

Fenchelblüte, im Hintergrund der Pavillon im Arche Noah Schaugarten Foto: Arche Noah

Gemüsegärten wurden zugunsten von „englischem Rasen" und Ziergärten aufgegeben – wenn auch heute ein erfreulicher Gegentrend zu dieser Entwicklung zu beobachten ist.

Für mehr genetische Vielfalt in der Landwirtschaft, als dies heute in den Industrieländern der Fall ist, sprechen jedoch viele gute Gründe. Eine hohe Vielfalt verringert das Risiko von Ernteausfällen durch Krankheitserreger, Schädlinge oder Witterungsextreme. Sie erhöht die Selbst-Regulations-Fähigkeit von landwirtschaftlichen Ökosystemen. Lokal angepasste Sorten sind meist robuster als globale Industriesorten. Die in Jahrtausenden von unseren Vorfahren entwickelte Nutzpflanzen-Vielfalt ist eine wichtige Grundlage für neue Züchtungen, ebenso wie die wild wachsenden Verwandten unserer Nutzpflanzen. Gerade im Zeitalter des Klimawandels sind wir darauf angewiesen!

Die Vielfalt an Sorten und Pflanzenarten bringt vielfältige kulinarische, ästhetische, sinnliche und gesundheitliche Nutzen mit sich. Auch jenseits ihrer Nützlichkeit stellt die biologische Vielfalt einen Wert an sich dar. Wir wissen einfach noch zu wenig über lebendige Systeme, um wertvoll von wertlos zu unterscheiden.

Kultur, Biodiversität, Biokulturelle Diversität

Heute wird in Politik und Forschung viel von Biodiversität gesprochen. Dieser abstrakte Begriff löst leider bei vielen Menschen kein Verständnis aus, und aus Wissenschaftskreisen wird darauf hingewiesen, dass man, wenn schon, dann von Biokultureller Diversität sprechen sollte. Denn es geht nicht nur um ein naturwissenschaftliches Konzept von der biologischen Vielfalt der Gene, botanische Arten und Ökosysteme. Die Geschichte der Kulturpflanzen ist eine gemeinsame Geschichte von Menschen und Pflanzen. Beide Seiten haben sich in wechselseitiger Beeinflussung entwickelt und verändert, sind voneinander abhängig oder, positiv formuliert, verlassen sich aufeinander. Viele Kulturpflanzen sind in ihrer erfolgreichen Fortpflanzung und Verbreitung ganz und gar auf den Menschen angewiesen. Diese Anpassung an den Menschen war jedoch eine äußerst erfolgreiche Strategie zur weltweiten Verbreitung.

Unser Umgang mit Pflanzen in Landwirtschaft und Ernährung enthält viele kulturelle Aspekte: Tradiertes Wissen über Anbau und Verarbeitung, typische Formen der Zubereitung, der Darreichung und des Aussehens von Lebensmitteln sowie die mit Kulturpflanzen verbundenen Bräuche, Feste und Traditionen. Die Pflanzen als Teil unserer Ernährung prägen unsere kulturelle Identität. Die Gerichte und Geschmäcker unserer Kindheit prägen nachweislich unsere kulinarischen Vorlieben ein Leben lang, und sind verknüpft mit Erinnerungen, Emotionen und Werten. Das Wort „Kultur", das wir meist spontan mit dem Besuch von

Verschiedene Paprika und Melanzani
Foto: Arche Noah

Konzerten, Opern oder Ausstellungen assoziieren, leitet sich übrigens vom lateinischen colere ab – und das bedeutet soviel wie wohnen, pflegen und – den Acker bestellen!

Wie gehen wir mit unseren Partnern um?

Welche Verantwortung des Menschen gegenüber den Kulturpflanzen ergibt sich aus dieser langen und engen Beziehung? Gibt es ethische Maßstäbe dafür, wie man mit Pflanzen-Partnern – und natürlich generell anderen Lebewesen auf der Erde – umgeht?

Diese Frage – vor allem auch vor dem Hintergrund der industriellen Landwirtschaft und gentechnologischer Züchtungsmethoden, die massiv ins Erbgut und auch in die Fortpflanzungsfähigkeit der Pflanzen eingreifen – stellte sich auch eine Gruppe von Menschen aus dem Wissenschafts- und Forschungsbereich rund um die Schweizerin Florianne Köchlin, die auch Mitglied der Eidgenössischen Ethikkommission für die Biotechnologie im Ausserhumanbereich ist.

Die Arbeitsgruppe formulierte ein als „Rheinauer Thesen" veröffentlichtes Papier, aus dem hier einige Thesen als Diskussionsanstoß wiedergegeben werden sollen.

Visionen für die Zukunft

Die Frage, wie die noch heute vorhandene biokulturelle Diversität im Nutzpflanzenbereich langfristig bewahrt werden kann, lässt sich global so beantworten: Das Ziel muss letztlich ein nachhaltiges weltweites Landwirtschafts- und Ernährungssystem sein, in dessen Rahmen die Pflanzen und die sie kultivierenden und entwickelnden Menschen ihre Vielfalt entfalten können, das im Sinne eines ökologischen Gleichgewichtes der Agrarökosysteme mit einer ausreichenden Anzahl an angepassten Sorten arbeitet und genetische Diversität und Angepasstheit von Kulturpflanzen als wichtige Züchtungsziele definiert.

Aber natürlich können und müssen auch im Kleinen und auf lokaler Ebene Schritte gesetzt werden, und hier sind alle aufgefordert, mitzuwirken: Sei es als mündige und kritische KonsumentInnen, die auf Fertignahrung weitgehend verzichten und ihr Essen aus hochwertigen, regionalen, saisonalen, biologisch und fair erzeugten Produkten selbst zubereiten, dabei auf Sortenvielfalt achten und Kontakt zu ProduzentInnen suchen. Sei es, indem man der Vielfalt durch eigene gärtnerische Betätigung neue Lebensräume schafft: Im eigenen oder im Gemeinschaftsgarten, im landwirtschaftlichen Betrieb oder am Balkon. Wer noch einen Schritt weitergeht zur Samengärtnerei und Sortenentwicklung, wird selbst Teil des uralten evolutionären Prozesses, der Geschichte von Menschenpflanzen und Pflanzenmenschen.

Arche Noah-Tauschmarkt in Schiltern
Foto: Arche Noah

Blick in den Arche Noah-Schaugarten in Schiltern Foto: Arche Noah

Auszug aus den Rheinauer Thesen:
Pflanze und Mensch

- Die menschliche Existenz hängt unmittelbar von Pflanzen ab. Viele Pflanzen können hingegen sehr gut ohne Menschen existieren.

- Das Verhältnis zwischen Pflanzen und Menschen ist kulturell und historisch geprägt und daher, wie alles Kulturelle, für Veränderungen offen.

- Pflanzen sind die Grundlage für unsere Ernährung. Insofern ist unsere Kultur von Pflanzen nicht zu trennen. Aus diesem Grund verdienen Pflanzen Achtung.

- Für das emotionale Leben der Menschen sind Pflanzen wichtig. Ihr Duft, ihre Schönheit, ihre Hege und Pflege liegen uns am Herzen. Sie prägen unsere Gärten und Landschaften.

- Wir müssen diese vielfältige Abhängigkeit und Verbundenheit der Menschen mit der Pflanzenwelt neu begreifen lernen. In Alltag und Kunst hat dies bereits begonnen. Auf naturwissenschaftlicher Ebene ist vieles noch nachzuholen.

- Welche Beziehungen wir mit Pflanzen eingehen, hat Bedeutung für unsere eigene Lebensweise. Wie wir mit Pflanzen umgehen, reflektiert unseren Umgang mit anderen Lebewesen und mit uns selbst. Der Wert, den wir Pflanzen zuweisen, hängt mit unserem Selbstentwurf zusammen.

- Wenn wir Pflanzen als Maschinen wahrnehmen, so sagt dies etwas über uns, die Betrachtenden, aus, nicht über das Wesen der Pflanze. Diese Maschinensicht dehnt sich auf alle Lebewesen – auch auf den Menschen – aus.

- Anders als beim Menschen fehlen im Umgang mit Pflanzen oft genug moralische Bedenken.

- Wir können das Wesen der Pflanze naturwissenschaftlich nicht vollständig erfassen. Erkenntnistheoretisch gibt es Grenzen. Wir stehen der Pflanze als ins Unermessliche Forschende gegenüber.

- Wenn wir der Pflanze als eigenständigem Wesen begegnen und uns auf sie einlassen, entwickeln wir Sensibilitäten und Fähigkeiten, die es uns erlauben, sie in ihrem Dasein tiefer zu verstehen. In ihr und durch sie erleben wir etwas Umfassendes.

- Unseren Umgang mit Pflanzen sollten nicht nur naturwissenschaftliche Argumente bestimmen. Die Naturwissenschaften sind nur ein Erkenntnisweg unter anderen, trotz ihrer Bedeutung für moderne Gesellschaften. Er ist nicht von vornherein wichtiger als andere Erkenntniswege.

- Unsere Beziehungen zu Pflanzen spielen sich auf verschiedenen Ebenen ab: auf der naturwissenschaftlichen, der geisteswissenschaftlichen, der künstlerischen, auf der spirituellen, der intuitiven, der religiösen, der emotionalen und auf der ästhetischen Ebene, und natürlich auf der Ebene der Ernährung. Diesen und weiteren Wissenszugängen gegenüber gilt es offen zu sein.

- Das neue Verständnis der Pflanze erfordert es, dass all diese Wissenszugänge anerkannt und genutzt werden.

- Pflanzen haben eine enorme Flexibilität und können sich an sehr viele Manipulationen anpassen. Sie vermitteln uns auf den ersten Blick keine offensichtlichen Signale, wo die Grenzen ihrer Verletzbarkeit sind. Umso wichtiger ist, dass wir diese Grenzen gemeinsam finden. Nichtwissen verpflichtet.

Quelle: www.blauen-institut.ch

Weiterführende Literatur

Wolf-Dieter Storl (*2002*): Bekannte und vergessene Gemüse. Heilkunde – Ethnobotanik – Rezepte. (Co-Autor: Pauls Silas Pfyl). AT-Verlag, Aarau, Schweiz

Michael Pollan (*2002*): Die Botanik der Begierde - Vier Pflanzen betrachten die Welt. Claassen Verlag, München

Udelgard Körber-Grohne (*1987*): Nutzpflanzen in Deutschland : Kulturgeschichte und Biologie. Stuttgart: Theiss

Karl Hammer (*1998*): Agrarbiodiversität und pflanzengenetische Ressourcen - Herausforderungen und Lösungsansätze. Zentralstelle für Agradokumentation und -information (ZADI), Informationszentrum für Genetische Ressourcen (IGR), Bonn

Florianne Koechlin Pflanzen neu entdecken: Rheinauer Thesen zu Rechten von Pflanzen. www.blauen-institut.ch

Beate Koller, Monika Enigl (*2003*): Kultur-Pflanzen-Vielfalt - Entstehung und Gefährdung, Fallbeispiele aus Österreich. ARCHE NOAH Eigenverlag. Kostenloser Download auf www.arche-noah.at > Wissen.

Geschichte der Kulturpflanzen und der Landwirtschaft in Niederösterreich

Marianne Kohler-Schneider

Die Ursprünge der europäischen Landwirtschaft liegen im Nahen Osten, im Bereich des „Fruchtbaren Halbmondes" – einem Gebiet, das von Israel und Syrien über den Südrand der Türkei bis in den heutigen Irak und den Iran reicht. In einem komplexen Prozess entstanden hier kurz nach dem Ende der letzten Eiszeit völlig neue Formen der menschlichen Subsistenz: Ackerbau und Viehzucht. Diese neuen Lebensformen waren so erfolgreich, dass sie sich rasch nach allen Seiten hin ausbreiteten. Mitteleuropa – und damit auch Niederösterreich – wurde von der Ausbreitungswelle um 5600 v. Chr. erfasst. Getragen wurde die Ausbreitung der Landwirtschaft in unserem Raum von Einwanderern aus dem Karpatenbecken, die nach dem Verzierungsstil ihrer Tongefässe als Angehörige der Linearbandkeramik-Kultur bezeichnet werden.

Emmer *Triticum dicoccum*
Foto: M. Kohler-Schneider

Die Einwanderer ließen sich bevorzugt in den halboffenen Waldsteppen-Landschaften Ostösterreichs nieder, in Niederösterreich vor allem auf den Lößböden des Weinviertels und des östlichen Waldviertels sowie im Wiener Becken. Über die von ihnen mitgebrachten Kulturpflanzen wissen wir in erster Linie durch archäobotanische Untersuchungen Bescheid – also durch die Analyse winziger, verkohlter Pflanzenreste, die bei archäologischen Ausgrabungen gefunden werden. Das Kulturpflanzenspektrum der Linearbandkeramiker war eher bescheiden. Als Grundnahrungsmittel dienten zwei urtümliche Spelzweizenarten, Einkorn *Triticum monococcum* und Emmer *Triticum dicoccum*, die Hülsenfrüchte Erbse *Pisum sativum* und Linse *Lens culinaris* sowie der Lein *Linum usitatissimum*, der als Öllieferant und Faserpflanze vielseitig nutzbar ist.

Einkorn und Emmer liefern zwar bescheidenere Erträge als moderne Saatweizen, sie sind aber bedeutend reicher an Eiweiß, Mineralstoffen und Vitaminen als unsere heutigen Weizen. Außerdem zeichnen sie sich durch hohes Bestockungsvermögen aus: beim Einkorn wachsen aus einem Saatkorn 15 bis 20 Halme, weshalb man nur wenig Saatgut benötigte. Beide Arten sind im Anbau anspruchslos sowie weitgehend schädlings- und frostresistent. In schweren Sattelmühlen geschrotet und mit Wasser verknetet, lieferten Einkorn und Emmer den ältesten Brotteig. Dieser wurde - zunächst ohne Sauerteig - als schmackhafter Fladen im Lehmofen ausgebacken und war in dieser Form monatelang haltbar.

Hartgewordenes Brot konnte später in Wasser oder Milch aufgekocht werden und stellte somit eine frühe Form der Konserve dar. Auch nahrhafte Breigerichte wurden aus den alten Spelzweizen hergestellt. Hülsenfrüchte wurden ebenfalls in Suppen, Brei- und Eintopfgerichten verarbeitet und in gemahlenem Zustand auch ins Brotmehl gemischt, um den alltäglichen Eiweißbedarf zu decken. Denn Fleisch war trotz der umfangreichen Rinder-, Ziegen-, Schaf- und Schweinehaltung keine Alltagsspeise. Essenzielle Fettsäuren wurden aus dem Lein gewonnen. Archäobotanische

Einkorn *Triticum monococcum*
Foto: M. Kohler-Schneider

Untersuchungen zu frühjungsteinzeitlichen Kulturpflanzenspektren liegen aus dem Horner Becken (Mold), dem Kamptal (Rosenburg) und dem zentralen Weinviertel (Schletz, Herrnbaumgarten) vor.

In der frühen (5 600 bis 4 900 v. Chr.) und mittleren (4 900 bis 4 400 v. Chr.) Jungsteinzeit veränderte sich die Kulturpflanzenpalette nur wenig. Zwar tauchte schon frühzeitig eine Ölpflanze westmediterraner Herkunft auf, der Schlafmohn *Papaver somniferum*, dessen frühester Nachweis in Schletz gelang. Andere Arten, wie die Gerste *Hordeum sativum* waren zwar von Anfang an präsent, gewannen aber erst gegen Ende der Jungsteinzeit an Bedeutung. In dieser Phase (4 400 bis 3 000 v. Chr.) zeichneten sich größere Umwälzungen ab, die in der nachfolgenden Bronzezeit (ab 2 200 v. Chr.) voll zum Tragen kamen. An die Seite

fähigkeit und ihres Ertragreichtums eine höchst willkommene Ergänzung. Mit der Einführung des Rades und des Pferdes kam es in diesem Zeitraum auch zu weitreichenden agrartechnologischen Veränderungen. Die landwirtschaftlichen Umwälzungen lassen sich am besten veranschaulichen, wenn man spätjungsteinzeitliche Siedlungen bei Oberwölbling und Krems (um 3 000 v. Chr.) mit der spätbronzezeitlichen Siedlung von Stillfried a.d. March (um 1 000 v. Chr.) vergleicht. Während sich an den spätjungsteinzeitlichen Fundplätzen nur die verstärkte Nutzung von Gerste, Rispenhirse und Mohn als Neuerung gegenüber früheren Phasen abzeichnet, zeigt die befestigte Höhensiedlung Stillfried ein wesentlich abwechslungsreicheres Bild: Rispenhirse, Dinkel, Gerste, Einkorn, Linse, Erbse, Saubohne und Mohn sind die Hauptfeldfrüchte, daneben gibt es aber noch 5 weitere

Dinkel *Triticum spelta*
Foto: M. Kohler-Schneider

Rispenhirse *Panicum miliaceum*
Foto: M. Kohler-Schneider

von Einkorn, Emmer und Gerste traten nun Dinkel *Triticum spelta* und Rispenhirse *Panicum miliaceum*, zu den bisherigen Hülsenfrüchten kam die Saubohne *Vicia faba*. Die Rispenhirse fand nur in Breigerichten Verwendung, sie stellte aber insofern eine wichtige Bereicherung dar, als sie sich durch ihren späten Anbau- und Erntezeitpunkt ideal in den jährlichen Arbeitszyklus einfügte und damit Mehrerträge und einen reicheren Speisezettel ermöglichte.

Die Saubohne wiederum bildete wegen ihres hohen Eiweißgehaltes, ihrer Robustheit, ihrer guten Lager-

Getreidearten, 1 zusätzliche Hülsenfrucht und 1 bis 2 Ölfrüchte. Besonders bemerkenswert erscheinen die Hinweise auf Beziehungen zum Mittelmeerraum, die sich durch Funde von Kernen des Kulturweins *Vitis vinifera* und von Samen der Linsenwicke *Vicia ervilia* ergeben.

Ab der späten Bronzezeit, besonders aber in der nachfolgenden Eisenzeit (ab 800 bis 15. v. Chr.) entstanden sozial zunehmend differenzierte und in hohem Maß arbeitsteilige Gesellschaften, in denen die Landwirt-

Eisenzeit-Dorf im Freilichtmuseum Lejre Foto: M. Kohler-Schneider

schaft nicht mehr nur die unmittelbaren Produzenten zu ernähren hatte, sondern auch Handwerker, Bergleute, Krieger und Fürsten samt deren Angehörigen versorgen musste. Dies war nur anhand der verbreiterten Nahrungsbasis und aufgrund von agrartechnologischen Innovationen möglich.

Beispiele für solche Neuerungen wären etwa das Aufkommen eisenbeschlagener Wendepflüge oder die Entstehung der Grünlandwirtschaft, die mit der Möglichkeit zu winterlicher Stallhaltung auch die Grundlage für eine systematische Düngung der Felder schuf. Die Produktivität der eisenzeitlichen Landwirtschaft war offenbar ausreichend, um das Entstehen von eindrucksvollen, stadtartigen Siedlungen zu ermöglichen, wie etwa auf dem Sandberg bei Roseldorf im westlichen Weinviertel (um 300 v. Chr.).

Die archäobotanische Bearbeitung eines reichhaltigen Getreidespeichers in Roseldorf und die Untersuchung der etwa zeitgleichen Siedlungen von Mitterretzbach, Michelstetten und Oberleis haben gezeigt, dass sich die keltische Landwirtschaft in unserem Raum vor allem auf den Anbau von Einkorn, Gerste, Dinkel, Rispenhirse, Linse, Erbse, Schlafmohn und Lein stützte. Ebenfalls in Verwendung waren Emmer und vielleicht auch schon der anspruchsvolle Nacktweizen *T. aestivum/durum/turgidum*. Spannend sind die Nachweise von Roggen *Secale cereale* und Hafer *Avena sativa*.

Diese beiden Getreide wurden im Vorderen Orient zwar schon frühzeitig domestiziert, traten in Mitteleuropa aber lange Zeit nur als „Unkräuter" in Spelzweizenfeldern in Erscheinung. Erst in der Eisenzeit –

Bronzezeitliches Eintopfgericht aus Gerste, Hirse und Roggentrespe Foto: M. Kohler-Schneider

Weintraube *Vitis vinifera* mit verkohltem Kernfund aus der Keltensiedlung Sandberg-Roseldorf
Fotos: M. Kohler-Schneider und A. Caneppele

Hanfpflanze *Cannabis sativa* mit verkohlten Hanfsamen aus dem frühmittelalterlichen Gars-Thunau
Fotos: M. Kohler-Schneider

deren Landwirtschaft mit einer markanten Klimaverschlechterung zu kämpfen hatte – wurden sie wegen ihrer Kälte- und Nässeverträglichkeit wiederentdeckt und in zunehmendem Maße angebaut. Neu sind auch zwei Ölfrüchte: der aus Osteuropa stammende Leindotter *Camelina sativa* und der zentralasiatische Hanf *Cannabis sativa*, der nicht nur hochwertiges Speiseöl lieferte, sondern auch als Faser- und Medizinalpflanze diente.

Sensationell ist der Fund eines Kulturweinkerns in Roseldorf. Gemeinsam mit anderen, etwa zeitgleichen Kulturweinfunden aus dem Burgenland und aus Westungarn deutet er entweder auf intensive Handelsbeziehungen zum mediterranen Raum hin, oder auf eine frühzeitige Übernahme der im Mittelmeergebiet bereits hoch entwickelten Weinbautechnologie. Dass die keltischen Fürstensitze weitreichende Handelsbeziehungen pflegten, belegt der Roseldorfer Fund von Dillsamen *Anethum graveolens* – dem ersten Nachweis einer nicht-einheimischen Gewürzpflanze.

Geradezu revolutionäre Veränderungen ergaben sich in der Römerzeit (15 v. Chr. bis 488 n. Chr.). Durch die Eingliederung von Teilen Niederösterreichs in das Römische Reich entstanden völlig neue Rahmenbedingungen für die Landwirtschaft. An die Stelle kleinräumiger Wirtschaftskreisläufe, die allenfalls lokale Zentren versorgen konnten und die über bescheidene Fernhandelsbeziehungen miteinander verbunden waren, traten nunmehr die Organisationsstrukturen,

Schaugarten mit urzeitlichen Nutzpflanzen im Freilichtmuseum Asparn a.d. Zaya
Foto: M. Kohler-Schneider

das Verkehrsnetz und die Produktionserfordernisse eines Weltreichs. Die römische Landwirtschaft zeichnete sich durch beträchtliche Leistungsfähigkeit aus, musste sie doch nicht nur eine umfangreiche Armee erhalten, sondern auch zahlreiche stadtartige Siedlungen mit einer vielschichtigen Bevölkerungsstruktur versorgen. Einen wesentlichen Faktor bildete dabei das umfangreiche Straßennetz, das großräumige Transporte ermöglichte. Schon bald nach der römischen Okkupation begann entlang dieser Straßen und in landwirtschaftlichen Gunstlagen der Aufbau eines Systems von Gutshöfen (villae), die meist von demobilisierten Soldaten und von Zuwanderern aus Oberitalien betrieben wurden. Gemeinsam mit dörflichen Zuwanderersiedlungen (vici) und den oft in agrarische Randlagen abgedrängten Dörfern der keltischen Bevölkerung sicherten diese Produktionsstätten nicht nur die regionale Versorgung: Im Verlauf der Jahrhunderte entwickelte sich Oberpannonien unter römischer Herrschaft sogar zu einem Exportland für Agrarprodukte.

Was das Kulturpflanzenspektrum betrifft, so dürfte es sowohl zu einer Weiterführung lokaler Traditionen (wie dem Anbau von Gerste, Hirse und Dinkel) gekommen sein, als auch zu kulturell bedingten Neuerungen, wie dem Anbau von Nacktweizen in großem Stil. Wirklich dramatisch verändert wurde das Bild allerdings durch die Einführung verschiedener Obstsorten wie Walnuss *Juglans regia*, Edelkastanie *Castanea sativa*, Marille *Prunus armeniaca*, Pfirsich *Prunus persica* und Mandel *Prunus dulcis*. Zugleich wurde die bisherige Wildobstnutzung durch den Anbau veredelter Kultursorten ersetzt, etwa bei Apfel *Malus sp.*, Birne *Pyrus sp.* oder Kirsche *Prunus avium*. Ähnlich weitreichend dürften auch die Veränderungen im Gemüseanbau gewesen sein, wegen der geringen Erhaltungschancen der meisten Gemüsepflanzen sind sie allerdings weniger gut belegt. Kohl *Brassica oleracea*, Zwiebel *Allium cepa*, Knoblauch *Allium sativum* und (Kultur)Karotten *Daucus carota* sind mit großer Wahrscheinlichkeit in der Römerzeit zu uns gekommen. Nicht zuletzt nahm auch der Weinbau jenen Aufschwung, der den Ruf der Römer als angebliche Begründer der österreichischen Weinbautradition auf Jahrhunderte gefestigt hat. Darüber hinaus zeigen Funde von Fernhandelsprodukten, dass sich die römischen Bewohner Pannoniens nicht mit regionalen Produkten begnügten. Das Spektrum nachgewiesener Importe reicht in Carnuntum z. B. von Oliven und Olivenöl bis hin zu Feigen, Melonen und Datteln.

Über die landwirtschaftlichen Verhältnisse nach dem Untergang des (West-) Römischen Reiches wissen wir wenig. Gegenüber der Römerzeit ist sicherlich mit einer Vereinfachung und stärkeren Regionalisierung des agrarischen Systems zu rechnen, allerdings nicht mit einem völligen Niedergang - das zeigen die Kul-

Zwergweizen *Triticum aestivum ssp. compactum*
Foto: A. Heiss

Linse *Lens culinaris* Foto: M. Kohler-Schneider

turpflanzenspektren der nachfolgenden Epochen, in denen sich die Weiterführung so mancher römischen Errungenschaft abzeichnet. So sind aus der Zeit der slawischen Besiedlung Niederösterreichs im Frühmittelalter beispielsweise Kulturweinkerne und Zwetschke *Prunus domestica* belegt, im benachbarten Mähren fanden sich darüber hinaus auch Walnuss, Pfirsich, Kirsche, Weichsel *Prunus cerasus*, Apfel und Birne. Auch die Palette der in den slawischen Siedlungen von Michelstetten, Gars/Thunau, Sand und Raabs angebauten Getreide war mit Roggen, Hafer, Gerste, Nacktweizen, Einkorn, Emmer, Dinkel, Rispen- und Kolbenhirse sehr reich. In mengenmäßiger Hinsicht dominierten dabei bereits Roggen, Hirse und Hafer, deren Vorherrschaft für das gesamte Mittelalter prägend blieb. Der Nacktweizen kam in einer auffällig kugelkörnigen Varietät vor, die als Binkel- oder Zwergweizen *T. a. var. compactum* bezeichnet wird. Unter den Hülsen- und Ölfrüchten fanden sich hingegen nur alte Bekannte: Erbse, Linse, Saubohne, Lein, Mohn und Hanf. Im weiteren Verlauf des Mittelalters kam noch eine wichtige Mehlfrucht hinzu: der aus Zentralasien stammende Buchweizen *Fagopyrum esculentum*. Dieses nahrhafte und eiweißreiche Knöterichgewächs wird zu Brei- und Sterzgerichten verarbeitet und mit Roggen- und Weizenmehl vermischt auch zum Backen und zur Herstellung von Knödeln verwendet. Weil Buchweizen auf sandigen, sauren und trockenen Böden gedeiht, hat er eine entscheidende Rolle bei der hochmittelalterlichen Erschließung landwirtschaftlicher Ungunstlagen, z. B. im Waldviertel, gespielt.

Saubohne *Vicia faba* Foto: M. Kohler-Schneider

Weiterführende Literatur:

Allgemein:

Jacomet, S. & Kreuz, A. (*1999*): Archäobotanik. Aufgaben, Methoden und Ergebnisse vegetations- und agrargeschichtlicher Forschung. Verlag Eugen Ulmer Stuttgart, 368 S.

Körber-Grohne, U. (*1987*): Nutzpflanzen in Deutschland. Kulturgeschichte und Biologie. Konrad Theiss Verlag, Stuttgart. 490 S.

Niederösterreich (nach Zeitabschnitten geordnet):

Kohler-Schneider, M. (*2007*): Early agriculture and subsistence in Austria: a review of neolithic plant records. Chapter 13 in: Colledge, S. & J. Conolly (eds.): The Origins and Spread of Domestic Plants in Southwest Asia and Europe, 209-220. Left Coast Press, Walnut Creek, California.

Kohler-Schneider, M., Caneppele, A. & D. Geihofer (*2008*): Archäobotanische Analyse des Kultur- und Wildpflanzenspektrums der linearbandkeramischen Siedlung Mold, Niederösterreich. Verhandlungen der Zoologisch-Botanischen Gesellschaft in Österreich 145, 113–137.

Schneider, M. (*1994*): Verkohlte Pflanzenreste aus einem neolithischen Brunnen in Schletz, Niederösterreich. Archäologie Österreichs 5: 18-22.

Caneppele, A. & M. Kohler-Schneider (2003): Landwirtschaft im Endneolithikum. Archäobotanische Untersuchungen am Kleinen Anzingerberg, NÖ. Archäologie Österreichs 14/2, 53-58.

Kohler-Schneider, M. & A. Caneppele (2006): Verkohlte Pflanzenreste aus der endneolithischen Siedlung Krems-Hundssteig (Niederösterreich). Archäologie Österreichs 17/2, 132-140.

Kohler-Schneider, M. & A. Caneppele (2009): Late Neolithic agriculture in eastern Austria: archaeobotanical results from sites of the Baden and Jevišovice cultures (3600- 2800 B.C.). Vegetation History and Archaeobotany 18: 61-74. DOI 10.1007/s00334-007-0129-3.

Kohler-Schneider, M. (2001): Verkohlte Kultur- und Wildpflanzenreste aus Stillfried a.d. March als Spiegel spätbronzezeitlicher Landwirtschaft im Weinviertel, Niederösterreich. Mitteilungen der Prähistorischen Kommission 37, Verlag der Österreichischen Akademie der Wissenschaften, 226 S.

Popovtschak, M. & K. Zwiauer (2003): Thunau am Kamp – Eine befestigte Höhensiedlung. Archäobotanik 1965–1995. Mitteilungen der Prähistorischen Kommission 52, Verlag der Österreichischen Akademie der Wissenschaften, Wien, 278 S.

Schneider, M. & G. Raunjak (1994): Archäobotanische Untersuchung verkohlter Pflanzenreste vom Oberleiser Berg. Verhandlungen der Botanisch-Zoologischen Gesellschaft in Österreich 131: 193-233.

Kohler-Schneider, M. & A.G. Heiss (2009): Archäobotanische Untersuchung der latènezeitlichen Siedlung von Michelstetten, Niederösterreich. In: Lauermann, E. (Hg.) Die latènezeitliche Siedlung von Michelstetten. Die Ausgrabungen des Niederösterreichischen Museums für Urgeschichte in den Jahren 1994-1999. Archäologische Forschungen in Niederösterreich 7, 116-147.

Caneppele, A. & M. Kohler-Schneider (2009): Archäobotanische Untersuchung eines latènezeitlichen Getreidespeichers aus der "Keltensiedlung Sandberg" bei Roseldorf (Weinviertel, Niederösterreich). In: V. Holzer (Hrsg.) Roseldorf. Interdisziplinäre Forschungen zur größten keltischen Zentralsiedlung Österreichs. Österreichische Elektrizitätswirtschafts-Aktiengesellschaft (Verbundgesellschaft), Wien: 103-143.

Caneppele, A., Heiss, A.G. & M. Kohler-Schneider (2010): Weinstock, Dill und Eberesche – Pflanzenreste aus dem Tempelbezirk der latènezeitlichen Siedlung Sandberg/Roseldorf. Archäologie Österreichs 21/1, 13-25

Caneppele, A. & M. Kohler-Schneider (2008): Ein Nachweis von Kulturwein aus dem Heiligtum der keltischen Siedlung bei Roseldorf. In: E. Lauermann & P. Trebsche (Hrsg.) Heiligtümer der Druiden, Opfer und Rituale bei den Kelten. Aktuelle Forschungsbeiträge zur Sonderausstellung im Museum für Urgeschichte des Landes Niederösterreich in Asparn a.d. Zaya: 85-89.

Gabler, D. (1994): Die ländliche Besiedlung Oberpannoniens. In: Bender, H. & H. Wolff (Hrsg.): Ländliche Besiedlung und Landwirtschaft in den Rhein-Donau-Provinzen des Römischen Reiches. Passauer Universitätsschriften zur Archäologie 2, 377-419.

Opravil, E. (2000): Zur Umwelt des Burgwalls von Mikulčice und zur pflanzlichen Ernährung seiner Bewohner. In: Poláček, L. (Hg.): Studien zum Burgwall von Mikulčice Band 4, Archäologisches Institut der Akademie der Wissenschaften der Tschechischen Republik, Brno, 9-169.

Thüry, G.E. (2006): Erbärmlichst lebende Menschen? Vom Pannonienbild der Südländer und von Ernährung und Lebensqualität im frühen Carnuntum. In: Humer, F. (Hrsg.) Legionslager und Druidenstab. Vom Legionslager zur Donaumetropole. Ausstellungskatalog Archäologisches Museum Carnuntinum Bad Deutsch-Altenburg, 8 S.

Thanheiser, U. (2004): Zivilstadt Carnuntum – Haus I. Pflanzenreste aus Haus und Garten. Carnuntum Jahrbuch, 241-244.

Popovtschak, M. (1998): Archäobotanische Makroreste aus „Sand" bei Raabs – Vorbericht. Arbeitsberichte des Kultur- und Museumsvereines Thaya 2, 758-762.

Kohler-Schneider, M. & S. Wiesinger (2005) Archäobotanische Untersuchungen zur frühmittelalterlichen Landwirtschaft im Vorfeld der Leiser Berge. Projektbericht an die Hochschuljubiläumsstiftung der Stadt Wien, 30 S.

Kohler-Schneider, M. (2003): Ein bemerkenswerter Hanf-Fund (Cannabis sativa ssp. sativa) aus frühmittelalterlichen Siedlungsschichten in Gars/Thunau. In: Popovtschak, M. & K. Zwiauer (2003): Thunau am Kamp – eine befestigte Höhensiedlung. Archäobotanische Untersuchungen urnenfelderzeitlicher und frühmittelalterlicher Befunde. Mitt. d. Prähistor. Kommission Band 52, Verlag der Österr. Akad. d. Wiss., 272 – 278.

Altbekannte Neulinge auf Niederösterreichs Äckern seit 1750

Martin Bauer/Ernst Langthaler

Klee, Kartoffeln, Zuckerrüben und Raps zählen heute zum gewohnten Erscheinungsbild der niederösterreichischen Agrarlandschaft. Zusammen umfassen sie knapp 119.000 Hektar oder etwas weniger als ein Fünftel der Ackerfläche. Blicken wir jedoch zurück auf die vergangenen zweieinhalb Jahrhunderte, dann treten uns diese altbekannten Kulturpflanzen als Neulinge auf Niederösterreichs Äckern entgegen. Klee und Kartoffeln standen für die Optimierung des vorindustriellen Agrarsystems im späten 18. und im 19. Jahrhundert; Zuckerrüben und Raps spielten in der Industrialisierung des Agrarsystems im späten 19. und im 20. Jahrhundert eine Schlüsselrolle. An ihrer Geschichte wird die „stille Revolution" der Landwirtschaft auf dem Weg von der Agrar- zur Industriegesellschaft greifbar.

und schließlich durch die Fruchtwechselwirtschaft, die durch den Anbau von Hülsen- und Hackfrüchten ermöglicht wurde. Dadurch wurden die Brachflächen reduziert und der Viehstand durch das größere Futterangebot – bei Einführung der ganzjährigen Stallfütterung – erweitert, was schließlich größeren Düngeranfall und damit höhere Ackererträge bewirkte. Die gesteigerte pflanzliche Produktion diente der Ernährung der wachsenden, zunehmend gewerblich-industriell tätigen Bevölkerung. Diese Innovationen, die Viehwirtschaft und Ackerbau stärker integrierten, breiteten sich im 19. Jahrhundert in ganz Niederösterreich aus, wobei es starke regionale Unterschiede gab.

Der Klee (*Trifolium*) wird zur Unterfamilie der Schmetterlingsblütler innerhalb der Familie der Hülsenfrücht-

Anbauflächen ausgewählter Ackerfrüchte in Niederösterreich

	1830/50		1900		1930		1970		2010	
	1.000 ha	Prozent der Ackerfläche	1.000 ha	Prozent der Ackerfläche	1.000 ha	Prozent der Ackerfläche	1.000 ha	Prozent der Ackerfläche	1.000 ha	Prozent der Ackerfläche
Klee und kleeartiges Futter	15,4	1,9	94,1	10,9	105,8	13,3	73,4	10,4	37,3	5,4
Kartoffeln	13,8	1,7	60,0	7,0	90,3	11,4	51,9	7,3	17,7	2,6
Zuckerrüben	0,9	0,1	7,9	0,9	23,1	2,9	32,2	4,6	33,5	4,9
Raps	–	–	0,3	0,0	0,3	0,0	1,1	0,2	30,5	4,4

Klee und Kartoffeln im vorindustriellen Agrarsystem

Seit Mitte des 18. Jahrhunderts vollzog sich in Niederösterreichs Landwirtschaft langsam – und später als in Nordwesteuropa – eine Entwicklung, die manchmal als „Agrarrevolution" bezeichnet wird. Geprägt wurde sie durch die verbesserte Dreifelderwirtschaft

ler gezählt. Als Klee werden im Sprachgebrauch häufig auch Arten nahverwandter Gattungen wie Schneckenklee (z. B. Luzerne) sowie auch die weit entfernte Gattung Sauerklee bezeichnet. Aufgrund seines hohen Eiweißgehalts wird Klee als Futtermittel geschätzt. Nicht nur die Viehhaltung, sondern auch der Pflanzenbau profitierte vom Kleeanbau: Durch seine Fähigkeit, Stickstoff aus der Luft zu binden, wurden

Zuckerrübe
Foto: Archiv Landesmuseum Niederösterreich

Altbekannte Neulinge auf Niederösterreichs Äckern seit 1750

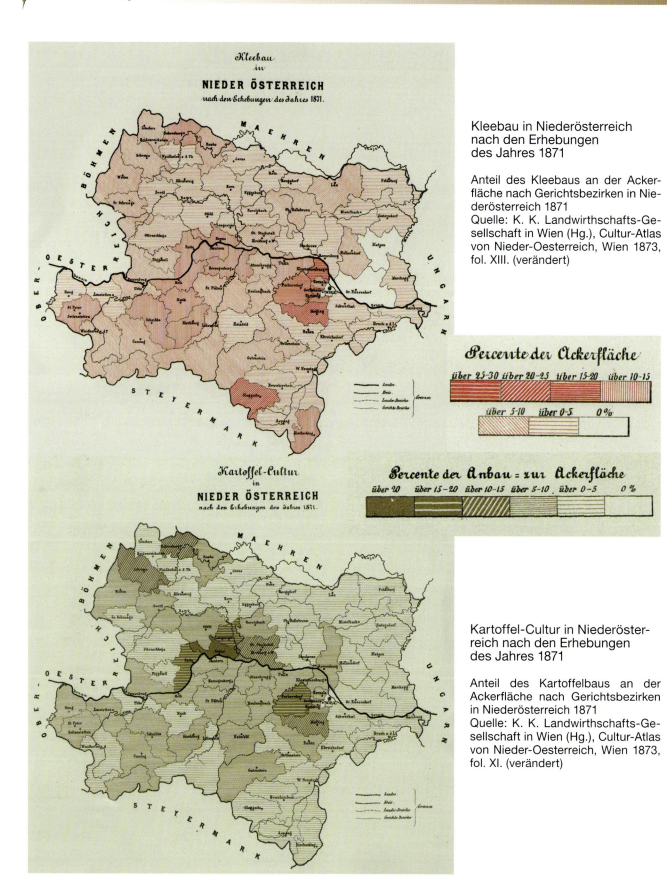

Kleebau in Niederösterreich nach den Erhebungen des Jahres 1871

Anteil des Kleebaus an der Ackerfläche nach Gerichtsbezirken in Niederösterreich 1871
Quelle: K. K. Landwirthschafts-Gesellschaft in Wien (Hg.), Cultur-Atlas von Nieder-Oesterreich, Wien 1873, fol. XIII. (verändert)

Kartoffel-Cultur in Niederösterreich nach den Erhebungen des Jahres 1871

Anteil des Kartoffelbaus an der Ackerfläche nach Gerichtsbezirken in Niederösterreich 1871
Quelle: K. K. Landwirthschafts-Gesellschaft in Wien (Hg.), Cultur-Atlas von Nieder-Oesterreich, Wien 1873, fol. XI. (verändert)

Erdäpfelernte im Waldviertel um 1950 Foto: F. Gutmann

die Nachfrüchte besser mit Nährstoffen versorgt und brachten höhere Erträge. Der Kleebau breitete sich in Niederösterreich seit der zweiten Hälfte des 18. Jahrhunderts von West nach Ost fortschreitend aus. Um 1830 findet man Klee bereits häufig auf den Brachfeldern des Alpenvorlands. In den übrigen Regionen wurde er zwar kultiviert, doch meist nur auf kleinen Flächen. Fast 80 Prozent der mit Klee und kleeähnlichen Nutzpflanzen bebauten Fläche befand sich zu dieser Zeit im Viertel ober dem Wienerwald. Häufig anzutreffen war Klee auch im Milchwirtschaftsgürtel um Wien. Hindernisse für seine weitere Verbreitung waren herrschaftliche und kommunale Weiderechte auf den Brachfeldern, wie sie vor allem in Dorfsiedlungsgebieten verbreitet waren.

Neben dem Klee war die Kartoffel die zweite große Neuerung im Pflanzenbau des 18. Jahrhunderts. Die Kartoffel (*Solanum tuberosum*), in Österreich auch als „Erdapfel", „Grundbirne", „Bramburi" oder „Erpfi" bekannt, ist eine Nutzpflanze aus der Familie der Nachtschattengewächse. Sie wurde im 16. Jahrhundert von den Spaniern und Portugiesen von Südamerika nach Europa gebracht, wo sie zuerst als Zierpflanze diente. Als Nahrungs- und Futtermittel fand sie seit der Mitte des 18. Jahrhunderts in Niederösterreich größere Verbreitung, beschleunigt durch Hungersnöte wie 1771/72 und 1817. Um 1830 befand sich die Hälfte der insgesamt noch geringen niederösterreichischen Anbaufläche im Viertel ober dem Manhartsberg, je ein Fünftel in den Vierteln ober dem Wienerwald und unter dem Manhartsberg. Niederösterreich (mit Wien) und die Steiermark lagen bei der Pro-Kopf-Produktion an der Spitze der österreichischen Länder.

Die Rolle der Kartoffel als Brotersatz für Besitzarme verdankte sie ihrem im Vergleich zum Getreide wesentlich höheren Kalorienertrag pro Fläche; doch erforderte sie auch intensiveren Arbeitseinsatz. Sie wurde vor allem von Kleingrundbesitzern zur Nahrung und als Viehfutter für den Eigenbedarf angebaut. Dementsprechend breitete sie sich vor allem dort aus, wo ein großer Teil der Bevölkerung nur über wenig Ackerland und geringe Geräteausstattung verfügte.

Altbekannte Neulinge auf Niederösterreichs Äckern seit 1750

Eine besonders wichtige Rolle spielte sie im nördlichen Waldviertel, einem von der Heimindustrie stark durchsetzten Raum, wo auch Verarbeitungsbetriebe bestanden. Auch in den intensiven Weinbaugebieten im Raum Krems – Langenlois und Retz war die Kartoffel eine wichtige Ackerfrucht. Hier wurden die zurückweichenden Weinkulturen oft durch Hackfrüchte ersetzt, was auch auf das weitgehende Fehlen von Zugtieren zurückzuführen ist. Der im Vergleich zu Brotspeisen geringere zeitliche Aufwand bei der Zubereitung begünstigte die Verbreitung der Kartoffel in Haushalten, wo auch Frauen Lohnarbeit verrichteten, also in protoindustriellen Heim- und industriellen Fabrikarbeiterfamilien. Nicht zuletzt deshalb zeigt sich eine schichtspezifische Verteilung des Kartoffelverbrauchs: In der zweiten Hälfte des 19. Jahrhunderts wurden Erdäpfel hauptsächlich von der ländlichen Unterschicht, dann von der bäuerlichen Bevölkerung und auch von der städtischen Unterschicht konsumiert. Geringe Bedeutung hatte ihr Konsum in der städtischen Mittel- und Oberschicht.

Die Anbauflächen für Klee und Kartoffeln nahmen im Laufe des 19. Jahrhunderts im Gleichklang zu und erreichten erst in den 1930er Jahren mit jeweils etwa 100.000 Hektar oder einem Achtel der Ackerfläche ihren Höhepunkt. Zu diesem Zeitpunkt war der Wandel vom vorindustriellen zum industrialisierten Agrarsystem bereits voll im Gang.

Zuckerrübe und Raps im industrialisierten Agrarsystem

Die Zuckerrübe (*Beta vulgaris ssp. vulgaris var. altissima*) ist eine – wenn nicht die – Kulturpflanze des

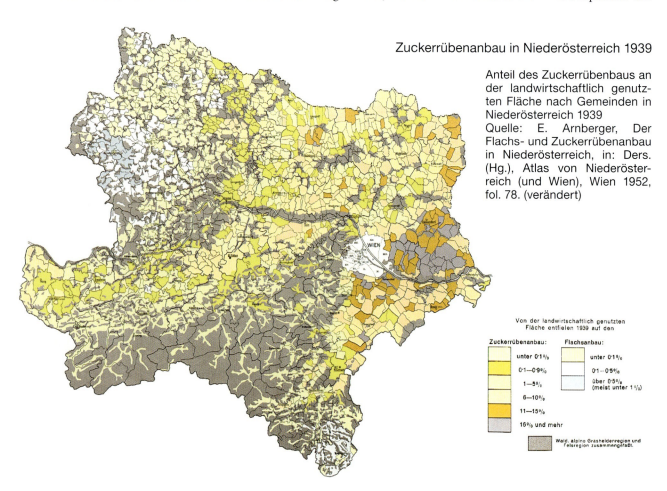

Zuckerrübenanbau in Niederösterreich 1939

Anteil des Zuckerrübenbaus an der landwirtschaftlich genutzten Fläche nach Gemeinden in Niederösterreich 1939
Quelle: E. Arnberger, Der Flachs- und Zuckerrübenanbau in Niederösterreich, in: Ders. (Hg.), Atlas von Niederösterreich (und Wien), Wien 1952, fol. 78. (verändert)

Industriezeitalters. Sie spielte neben dem Klee eine Schlüsselrolle beim Übergang von der extensiven Dreifelderwirtschaft zur intensiven Fruchtwechselwirtschaft. Die im 18. Jahrhundert aus der Runkelrübe gezüchtete Zuckerrübe hatte bis Mitte des 19. Jahrhunderts in Niederösterreich nur zögerlich – vor allem auf den Großgütern in den östlichen Landesteilen – Fuß gefasst; doch in den folgenden hundert Jahren, vor allem nach dem Zerfall der Habsburgermonarchie, stiegen die Anbauflächen rasant an und pendelten sich ab Mitte des 20. Jahrhunderts auf hohem Niveau – etwa 30.000 Hektar oder 5 Prozent der Ackerfläche – ein. Die Hauptanbaugebiete fanden sich im östlichen Flach- und Hügelland sowie, wenn auch deutlich schwächer, im Alpenvorland. Die regionale Verdichtung folgte einerseits aus den günstigen Klima- und Bodenbedingungen, andererseits aus der guten Verkehrsanbindung an die Zuckerfabriken Dürnkrut, Hohenau, Leopoldsdorf und Bruck an der Leitha im Osten Niederösterreichs. Heute konzentriert sich Niederösterreichs Zuckerindustrie im internationalen Lebensmittelkonzern Agrana, der „Wiener Zucker" an den Standorten Tulln und Leopoldsdorf erzeugt.

Zuckerrübe und Agrarmodernisierung gehören untrennbar zusammen. Die Anbau-, Pflege- und Erntearbeiten waren enorm aufwändig; daher beschäftigten die Zuckerrüben bauenden Groß- und Gutsbetriebe Kolonnen von Saisonarbeitskräften – zunächst vor allem aus der Slowakei und Ungarn, nach dem Zerfall der Habsburgermonarchie und dem Fall des Eisernen Vorhangs zunehmend aus dem Inland. Die Feldarbeiter und -arbeiterinnen wurden in der zweiten Hälfte des 20. Jahrhunderts rasch durch Sämaschinen, Voll-

Appell zur Steigerung des Ölfruchtanbaus im Reichsgau Niederdonau 1940
Quelle: Wochenblatt der Landesbauernschaft Donauland 19/1940, Flugblatt in Beilage

ernter und andere Maschinen ersetzt, was den Druck zur Zusammenlegung der vielfach im Gemenge liegenden Kleinparzellen zu großflächigen Einheiten („Kommassierung") erhöhte. Üppige Mineraldüngergaben und Hochleistungssaatgut ließen die Flächenerträge nach oben schnellen. Die Vermarktung der Rüben erfolgte meist auf der Basis von Lieferverträgen mit Genossenschaften oder der Zuckerindustrie. Die Rübenblätter und -schnitzel, die als Abfallprodukte anfielen, dienten als nährstoffreiches Viehfutter. Die Verarbeitung der Rüben in den Zuckerfabriken erforderte einen hohen Energieaufwand und verursachte enorme Mengen verschmutzter Abwässer. Der dank agrarpolitischen Schutzes in zunehmenden Mengen auf In- und Auslandsmärkten verkaufte Zucker war bereits um die Jahrhundertwende kein Luxusprodukt mehr; er erlangte schließlich im „goldenen Zeitalter" der 1950er und 1960er Jahre einen Fixplatz auf dem alltäglichen Speisezettel der Wohlstandsgesellschaft. Kurz, rund um die Zuckerrübe entspann sich ein feinmaschiges Netzwerk, das die intensivierte Landwirtschaft eng mit vor- und nachgelagerten Industrien sowie staatlichen Steuerungsmechanismen verflocht. Die Zuckerrübenproduzenten, die sich 1905 zum einflussreichen „Niederösterreichischen Rübenbauernbund" zusammenschlossen, zählten zur Avantgarde der Agrarmodernisierung unter industriestaatlichen Vorzeichen.

Ähnlich wie die Zuckerrübe signalisierte auch der Raps (Brassica napus) die industrielle Verflechtung der Landwirtschaft. Stärker noch als der auf Marktsignale reagierende Zuckerrübenanbau war der Anbau von Raps Ausdruck staatlicher Eingriffe in das Agrarsystem. Raps und die damit eng verwandten Rübsen wurden in Niederösterreich im 19. Jahrhundert nur in äußerst beschränktem Umfang zur Gewinnung von Lampen- und anderen Ölen angebaut; die zunehmende Einfuhr von Ölfrüchten vom Weltmarkt hielt den Anbau in engen Grenzen. Doch in den beiden Weltkriegen, als viele Außenhandelsbeziehungen abgeschnitten waren, suchte der Staat den inländischen Ölfruchtanbau anzukurbeln.
So etwa forcierte das „Dritte Reich" im Rahmen der „Erzeugungsschlacht" den für die Lebensmittelindustrie wichtigen Ölfruchtanbau massiv durch Preis- und Prämienanreize, Betriebsmittelgarantien und Beratungsdienste. Die Anbauappelle – etwa unter der Devise „Ölfruchtanbau lohnt sich" – richteten sich weniger an den in der nationalsozialistischen „Blut und Boden"-Ideologie überhöhten „Bauern", sondern den profitorientierten „Landwirt". Es waren meist gut ausgestattete Mittel- und Großbetriebe in günstigen Lagen, die darauf ansprachen. So erfuhr der niederösterreichische Raps- und Rübsenanbau bis kurz vor Kriegsende gegenüber dem Vorkriegsstand eine Steigerung um mehr als das Hundertfache. Um den als anspruchsvoll („Düngerfresser") bekannten Raps entspann sich ein Geflecht aus Mineraldünger- und Maschineneinsatz, Schädlingsbekämpfung, Expertenwissen, Lieferverträgen und Förderungspolitik, das den Ackerbau intensivierte; zudem beförderte die Rücklieferung von Ölkuchen als proteinreiches Viehfutter aus den Verarbeitungsbetrieben die Intensivierung der Viehhaltung. Kurz, für die Minderheit der Ölfruchtanbauer verdichtete sich in der nationalsozialistischen Ära die Verflechtung mit Industrie und Bürokratie – ein Muster, das nach dem Krieg auch für die Mehrheit der Landwirtschaft Treibenden bestimmend wurde.

Nachdem der Rapsanbau in der Nachkriegszeit weitgehend aufgegeben worden war, erfuhr er in den 1980er Jahren einen erneuten Aufschwung. Im Zuge der „ökosozialen Agrarpolitik", die nach dem EU-Beitritt im Umweltprogramm ÖPUL mündete, sollten die bislang mit hohem Geldaufwand vermarkteten Getreideüberschüsse zugunsten marktgängiger Sonderkulturen abgebaut werden. Die Folgen sind heute unübersehbar: Der Rapsanbau nimmt über 30.000 Hektar oder mehr als 4 Prozent der Ackerfläche des Bundeslandes ein; die gelb blühenden Rapsfelder, mittlerweile ein beliebtes Werbesujet, haben der niederösterreichischen Kulturlandschaft ein neues Gesicht verliehen.

Altbekannte Neulinge auf Niederösterreichs Äckern seit 1750

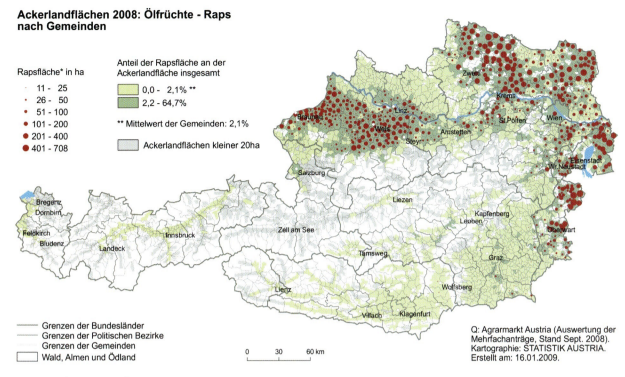

Rapsanbau in Österreich 2008
Quelle: Statistik Austria (http://www.statistik-austria.at/web_de/static/ackerlandflaechen_2008_oelfruechte_-_raps_nach_gemeinden_035276.pdf)

Weiterführende Literatur

BRUCKMÜLLER, ERNST / HANISCH, ERNST / SANDGRUBER, ROMAN / WEIGL, NORBERT (2002): Geschichte der österreichischen Land- und Forstwirtschaft im 20. Jahrhundert, Bd. 1: Politik, Gesellschaft, Wirtschaft, Wien

BRUCKMÜLLER, ERNST / HANISCH, ERNST / SANDGRUBER, ROMAN (HG.) (2003): Geschichte der österreichischen Land- und Forstwirtschaft im 20. Jahrhundert, Bd. 2: Regionen, Betriebe, Menschen, Wien

DIX, ANDREAS / LANGTHALER, ERNST (HG.) (2006): Grüne Revolutionen. Agrarsysteme und Umwelt im 19. und 20. Jahrhundert (Jahrbuch für Geschichte des ländlichen Raumes 3), Innsbruck

HOFFMANN, ALFRED (HG.) (1978): Österreich-Ungarn als Agrarstaat. Wirtschaftliches Wachstum und Agrarverhältnisse in Österreich im 19. Jahrhundert, Wien

LANGTHALER, ERNST (2009): Schlachtfelder. Ländliches Wirtschaften im Reichsgau Niederdonau 1938–1945, 2 Bde., Habilitationsschrift an der Universität Wien

SANDGRUBER, ROMAN (1982): Die Anfänge der Konsumgesellschaft. Konsumgüterverbrauch, Lebensstandard und Alltagskultur in Österreich im 18. und 19. Jahrhundert, Wien

SANDGRUBER, ROMAN (1978): Österreichische Agrarstatistik 1750–1918, Wien

Spargel – Das Kaisergemüse

Ingrid Haslinger

Der von den Gastronomiefachleuten und Autoren eines Fachlexikons im 19. Jahrhundert als Kaisergemüse bezeichnete Spargel stammt vermutlich aus Vorderasien. Schon Griechen und Römer schätzten die Vorzüge des Gemüses. Während die Griechen vor allem die medizinischen Eigenschaften des Spargels (entwässernd, blutreinigend) in den Vordergrund rückten, galt er den Römern hauptsächlich als Delikatesse. Mit dem Zusammenbruch des Römischen Reichs und der Völkerwanderung ging viel Wissen um die Landwirtschaft verloren, Spargel aber wurde weiterhin in Klostergärten gepflanzt.

Im 15. und 16. Jahrhundert erschienen zahlreiche Pflanzen- und Kräuterbücher. Diese Werke führten dazu, dass man sich in Europa wieder mit der Kultivierung von Spargel beschäftigte. Die begehrte Delikatesse, deren makelloses Weiß man damals mit dem Aufsetzen von Tontöpfen erzielte, blieb aufgrund ihres mangelnden Nährwerts der fürstlichen Tafel vorbehalten. Die übrigen Bevölkerungsschichten mussten für ihr anstrengendes Tagwerk substantiellere Kost zu sich nehmen.

Für den Spargelanbau in Niederösterreich war von großer Bedeutung, dass Wien im 17. Jahrhundert (nach der Regierung Kaiser Rudolfs II.) endgültig zur Haupt- und Residenzstadt der Habsburger wurde. Die Hofhaltung in Wien förderte nicht nur das Gewerbe, sondern auch die Landwirtschaft in der Umgebung.

Damals gab es weder schnelle Transportmittel noch ausreichende Kühlmöglichkeiten. Heikle Gemüse wie der Spargel konnten daher nicht von weit her nach Wien gebracht werden. In der Umgebung Wiens (Marchfeld, Korneuburg, Stockerau) spezialisierten sich Gärtner und Bauern auf die Bedürfnisse der Stadt. Spargel hatte bereits Anfang des 18. Jahrhunderts seinen festen Platz auf der kaiserlichen Tafel, sodass Wien als *Spargelhauptstadt* bezeichnet wurde.

Spargel *Asparagus*
Foto: ©studio1231

Pflanze und Bodenbeschaffenheit

Die wissenschaftliche Bezeichnung des Spargels lautet *asparagus officinalis l.*; er wird aufgrund seiner Charakteristika mit Zwiebel, Knoblauch, Porree und Schnittlauch zu den Liliengewächsen gezählt. Beim Spargel isst man die ausgewachsenen Sprossen der Pflanze, die sich an den Wurzeln bilden.

Wachsen die Sprossen oberhalb der Erde, werden sie durch Chlorophyll grün. Häufelt man die Pflanze an oder deckt sie zu, bleiben die Sprossen weiß. Prinzipiell kann man Spargelpflanzen sowohl als Grün- als

Schießender Spargel
Foto: Archiv Landesmuseum Niederösterreich

auch als Bleichspargel ziehen. Doch gibt es heute Sorten, die sich für die eine oder andere Art besser eignen. Eine neue Züchtung ist der Purpurspargel. Dieser und der grüne Spargel sind aufgrund des Chlorophylls wesentlich intensiver im Geschmack. Spargel benötigt zum Gedeihen besondere Böden und klimatische Gegebenheiten: Lockere, tiefgründige, sandige, steinfreie und humusreiche Böden sind ideal, dazu viel Sonne und mäßige Feuchtigkeit. Große Kälte im Frühjahr und zu viel Regen sind der Pflanze abträglich und können die Erntemengen stark reduzieren.

Musste man früher die Spargeltriebe mit Töpfen abdecken, um sie weiß zu erhalten, geht heute beim Kaisergemüse vieles maschinell: Zum Anpflanzen zieht man im vorbereiteten Feld Gräben im Abstand von zwei Metern. Die Pflanzen werden (auch maschinell) gesetzt, angedrückt und mit Erde bedeckt. In den ersten beiden Jahren bringt die Spargelkultur keinen Ertrag; der Bauer muss sich jedoch intensiv um Entfernung von Unkraut und Bekämpfung von Schädlingen kümmern. Im Herbst wachsen die Pflanzen aus, das Kraut wird nach dem ersten Frost abgeschnitten (was sich jedes Jahr wiederholt). Im dritten Jahr werden – bei Bleichspargel – über den Pflanzen Dämme errichtet. Die Erntezeit beträgt anfangs 4 bis 6 Wochen, später rund acht Wochen. Um den 20. Juni sollte – je nach Ertragslage und Witterung – das Stechen beendet werden. Ein Spargelfeld kann man 10 bis 12 Jahre belassen. Je nach Sorte können pro Hektar jährlich ca. 5.000 kg Spargel gestochen werden.

Trotz dieser Produktionsmengen ist Spargel relativ teuer. Neben den Vorbereitungskosten für die Felder müssen die Anschaffungskosten für die Spargelpflanzen eingerechnet werden. Die Pflanzen kommen hauptsächlich aus den Niederlanden (Massenträger, krankheitsresistent); der französische Spargel ist weniger robust, dafür feiner im Geschmack. Ein weiterer Faktor sind die Kosten für Erntearbeiter: Jede Spargelstange muss einzeln von Hand gestochen werden.

Spargel in Niederösterreich

Nach dem Zusammenbruch der Habsburgermonarchie (1918) gab es im Gebiet des heutigen Österreich rund 200 Hektar Spargelanbaufläche, wovon der Großteil auf Niederösterreich entfiel. Wenn auch in der Zwischenkriegszeit der Absatz rückläufig war, so zeigt die Existenz einer Spargelzucht- und Verwertungsgenossenschaft Ges.m.b.H. bis 1938 die Bedeutung des Gemüses. In den letzten beiden Kriegsjahren (1944/45), als sich die Nahrungsmittel-Versorgung dramatisch verschlechterte, wurde der Spargelanbau im großen Stil eingestellt. Nur in Bauerngärten blieb er weiterhin als Gemüse bestehen.

Anfang der Fünfziger Jahre des 20. Jahrhunderts versuchte die Landwirtschaftskammer, den Bauern in Niederösterreich den Spargel wieder schmackhaft zu machen: „Der Spargelbauförderung kommt insoferne eine Bedeutung zu, als die Nachfrage nach Spargel bei weitem nicht durch die vorhandene Produktion ge-

Oberirdische Teile der Spargelpflanze
Foto: E. Steiner

Spargelservice, Sammlung I. Haslinger Foto: A. Gießwein

deckt werden kann. Die Spargelflächen sind sehr stark zurückgegangen, und es sind kaum mehr nennenswerte Bestände vorhanden … Der Spargelbau würde aber gerade den kleinen Landwirten, den Familienbetrieben, eine lohnende Einnahmequelle bieten." Diese Ansicht war optimistisch: Zu jener Zeit trachteten die Menschen vor allem danach, satt zu werden, weshalb der teure, wenig nahrhafte Spargel einigen wenigen Luxusrestaurants vorbehalten blieb. Dennoch bestellte im Jahr 1953 die Landwirtschaftskammer 130.000 Spargelpflanzen, die an Bauern günstig abgegeben werden konnten. Nur 95.000 Pflanzen wurden verkauft; 50.000 davon gingen ins Marchfeld.

Diesem zaghaften Versuch war wenig Erfolg beschieden. Nach den ersten Rückschlägen begann sich jedoch Mitte der Siebziger Jahre des 20. Jahrhunderts der Spargelbau langsam wieder durchzusetzen, insbesondere im Marchfeld, wo die Bodenverhältnisse für das Kaisergemüse sehr gut sind. Seit jener Zeit erfreut sich der Marchfeldspargel steigender Bekanntheit. 1996 wurden die Bemühungen der Marchfelder Spargelbauern belohnt: In diesem Jahr anerkannte die EU den Begriff Marchfeldspargel als geschützte geographische Angabe. Weitere Spargelanbaugebiete in Niederösterreich sind die Gegend um Hollabrunn, das Traisental und Tulln.

Behandlung des Spargels

Spargel ist aufgrund seines hohen Wassergehaltes (93%) besonders heikel und sollte so frisch wie möglich verarbeitet werden. Die geputzten Stangen werden in Salzwasser bissfest gekocht und gut abgetropft. Um seinen feinen Geschmack nicht zu übertönen, serviert man ihn mit Butterbröseln, brauner Butter, einer leichten Sauce hollandaise (oder béarnaise). Man kann ihn auch kalt mit einer Sauce vinaigrette, der zarte Frühlingskräuter beigegeben wurden, marinieren. Als Beilage passen besonders gut heurige Petersilerdäpfel oder frisches Weißbrot.

Weiterführende Literatur

Klaus Englert, Ludwig Grieser, Günther F. Hastreiter, Doris Heller (1993): Asparagus, Vom Zauber des Spargels, Berlin

Hans Dieter Hartmann (1989): Spargel, Stuttgart

Ingrid Haslinger (1997): Marchfeldspargel, Das Kaisergemüse, Wien

N. N. (1895): Der Practische Landwirth, Wien

N. N. (1789): Der Wienerische Küchengärtner, Wien

Erdäpfel – Das Marzipan des armen Mannes

Ingrid Haslinger

Besondere Bedeutung für die Entwicklung der europäischen Kochkunst hatte die Entdeckung Amerikas durch Christoph Columbus (1451 – 1506) im Jahr 1492. Die muslimischen Osmanen beherrschten den Nahen Osten und somit den Zugang nach dem fernen Asien, was den Handel Europas vor allem mit Indien ins Stocken brachte. Columbus versuchte auf seinen Entdeckungsfahrten einen anderen Zugang nach Indien zu finden, landete aber in einer neuen Welt. In der Folge lernten die Europäer bislang unbekannte Dinge kennen, die als Nahrungs- und Genussmittel die Küchen Europas bereichern sollten: Paradeiser, Paprika, Gartenbohne, Topinambur, Mais, Kürbis, Kapuzinerkresse, Wildreis, Ananas, Avocado, Erdbeeren, Maracuja, Sonnenblumen, Erdnüsse, Vanille, Piment, Kakao, Tabak und den Truthahn. Aber keines dieser Nahrungsmittel hatte so nachhaltig und erfolgreich Einfluss auf die Ernährung in Europa wie die Erdäpfel – in ihrer Heimat Peru *papas* genannt, im Europa des beginnenden 17. Jahrhunderts als Solanum tuberosum bezeichnet.

Als die ersten Knollen nach Europa kamen, war niemandem bewusst, dass diese unscheinbare, unregelmäßig geformte Wurzel die Ernährungsgewohnheiten und die Kochkunst in Europa revolutionieren sollte. Heute stehen Erdäpfel hinter Weizen, Mais und Reis weltweit an vierter Stelle der meistkultivierten Nahrungspflanzen. Von den rund dreißig Sorten an essbaren Wurzeln und Knollen, die die alten Andenbewohner anbauten, erlangten nur die Erdäpfel internationale Bedeutung.

Obwohl sich die Erdäpfel als Nahrungsmittel im Europa des 16. und 17. Jahrhunderts vorerst kaum durchsetzen konnten, widmete ihnen der Universalgelehrte Johann Heinrich Zedler (1706 bis 1751) in seiner Enzyklopädie um 1740 bereits viel Raum. Zedler nennt als Herkunftsland Peru und erwähnt einige Zubereitungsarten, darunter eine Art Erdäpfelsalat und Rohscheiben(!). Auch als Beilage zu Fleischspeisen waren Zedler die Erdäpfel bereits bekannt.

Wilde Erdäpfel wurden vermutlich bereits um 8 000 vor unserer Zeitrechnung in Südamerika verzehrt. In der Gegend um den Titicacasee nahm die Erdäpfelkultur ihren Ausgang. Von dort breitete sie sich nach Nordchile, in den Nordwesten Argentiniens und südlich des Äquators aus. Auch auf der patagonischen Insel Chiloé fanden sich Spuren von wilden Erdäpfeln.

Bunte Kartoffelvielfalt Foto: Solcap

Als die Spanier das neue Land eroberten, betrachteten sie es als Eldorado. Nachdem die Goldschätze verschleppt worden waren, blieb jedoch das wirklich Wertvolle dieses Gebietes: der Erdapfel. Die bedeutsame Knolle kam erst rund 35 Jahre nach ihrer Entdeckung nach Spanien. Über den Weg der Erdäpfel nach Europa ist recht wenig bekannt; auch ist bei der Lek-

▶▶▶▶▶ Erdäpfelernte im Marchfeld
Foto: J. Mikus

Erdäpfel – Das Marzipan des armen Mannes

türe von Berichten aus jener Zeit Vorsicht angebracht, denn die Schreiber gingen mit den Bezeichnungen großzügig um: Es ist nicht klar, ob Erdäpfel oder Süßkartoffeln gemeint sind.

Verbreitung in Europa

Jedenfalls setzten sich die Erdäpfel in ganz Europa nur sehr langsam durch. Einerseits wurden sie als Sklavenessen angesehen – die Arbeiter, die die Silberminen für die Spanier in Südamerika ausbeuteten, ernährten sich ausschließlich davon – andererseits galten sie als Nachtschattengewächse für giftig. Ein Übriges tat noch die Kirche: Sie verurteilte alles, was unter der Erde wuchs, als Teufelswerk und verwies darauf, dass Erdäpfel in der Bibel nicht erwähnt werden; überdies seien Erdäpfel Hauptnahrungsmittel heidnischer Wilder.

Interessanterweise wurden die Erdäpfel in Europa am bereitwilligsten von den Iren angenommen. Sie hatten wenig Bedenken, galt es doch die ärgste Not zu lindern. Die meisten Produkte der irischen Landwirtschaft wurden exportiert; den Bauern blieben nur Getreidebrei und Milch. Missernten führten immer wieder zu Hungersnöten. Deshalb verschrieben sich die Iren den Erdäpfeln. Doch in den Jahren 1845 bis 1849 spürten sie die Folgen der Abhängigkeit von einer Monokultur: Kraut- und Knollenfäule vernichteten die Erdäpfelernte. Hunderttausende Iren verhungerten bzw. verließen ihr Land in Richtung Nordamerika oder Australien.

Bei ihrer Ankunft in Europa galten die Erdäpfel in der Gelehrtenwelt als etwas Sonderbares. Nach und nach wurden sie jedoch in diversen Kräuter- und Gartenbüchern erwähnt. Zu Beginn des 17. Jahrhunderts hatten die Erdäpfel noch kaum an Terrain gewonnen. An-

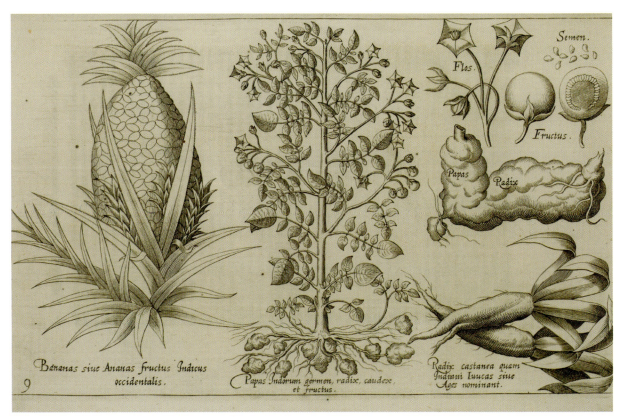

Eine der ersten Kartoffelabbildungen aus Österreich aus „Nova typis transacta navigatio" des Abtes Kaspar Plautz vom Stift Seitenstetten aus dem Jahr 1621 Foto: P. Böttcher

fänglich wurden sie in botanischen oder fürstlichen Gärten als Zierpflanze gezogen, weil man die Blüten der Staude als etwas besonders Schönes ansah. Als man erkannte, dass man die Knollen dieser Pflanze essen konnte, landeten sie vorerst als seltene und teure Delikatesse auf den Tafeln der Reichen und Fürsten. Im 18. Jahrhundert fanden sich immer mehr Vorkämpfer (Friedrich der Große, 1712 bis 1786; Johann Georg Krünitz, 1728 bis 1796; Benjamin Thompson, Graf Rumford, 1753 bis 1814; Antoine Augustin Parmentier, 1737 bis 1813), die die volkswirtschaftliche Bedeutung der Erdäpfel erkannten und deren Anbau propagierten. Doch die konservative Bauernschaft – z. T. verunsichert durch die Kanzelpredigten gegen die neue Knolle – weigerte sich lange Zeit, Erdäpfel anzubauen bzw. betrachtete sie bloß als Schweinefutter. Auch hatten manche Bauern schlechte Erfahrungen mit der Pflanze gemacht, weil sie anstatt der Knollen die Samenkörner oder das Kraut verspeisten, was ja tatsächlich giftig ist.

In Österreich tauchten die Erdäpfel nach den Pflanzversuchen des Botanikers Clusius (Jules Charles de l'Écluse, 1526 bis 1605) in Wien (1588) erst wieder 1620 im Klostergarten von Stift Seitenstetten auf. Der Abt des Stiftes, Kaspar Plautz, erhielt einige Knollen von einem Botaniker aus den österreichischen Niederlanden (heute: Belgien). Die Erträge dürften nicht schlecht gewesen sein, denn es finden sich zahlreiche Hinweise zur Verwendung von Erdäpfeln. Der umtriebige Abt hatte sogar schon ein Rezept für Erdäpfelsalat: *„Salat kannst du aber aus den Knollen auf folgende Weise herstellen: Nimm diese Bacaras oder Papas, reinige sie, koche sie weich und schneide sie in Scheiben, füge Öl, Essig, Pfeffer, Salz oder Zucker hinzu und koste!"* Wohlgemerkt war in diesem Rezept von Salz oder Zucker die Rede – dies als Hinweis für Köche, die meinen, Erdäpfelsalat gehöre gezuckert! Dieses kurze Intermezzo in Seitenstetten hatte jedoch keine weiteren Folgen.

Selbst die umsichtige Kaiserin Maria Theresia (1717 bis 1780) war unentschlossen, ob der Erdäpfelanbau gefördert werden sollte oder nicht. Erst 1772 rang sie sich durch, den Erdäpfelbau in ihrem Reich anzuord-

Foto: Archiv Landesmuseum Niederösterreich

[1] Red Scarlet
[2] Violetta
[3] Pink Fir Apple
[4] Sucvita
[5] Schlosskipfler
[6] Ditta
[7] Trüffel-Kartoffel
[8] Blauer Schwede

Fotos: Natur im Garten

nen. Die Bauern schätzten Brot aus Getreide und wollten keinen in ihren Augen minderwertigen Ersatz. Noch 1770 gab es ein Patent, dass der Getreideanbau keinesfalls zu Gunsten der Erdäpfel eingeschränkt werden dürfe.

Schließlich sah man den großen Nutzen der Erdäpfel ein – doch Befehle allein bewirkten in der konservativen Bauernschaft gar nichts. Erst den sogenannten Erdäpfelpfarrern, die von der Kanzel herab ihrer Gemeinde die Vorteile der Erdäpfel predigten, war Erfolg beschieden. Der bekannteste in Österreich war Johann Eberhard Jungbluth (1720 bis 1795), ein geborener Niederländer, der sich 1761 Erdäpfelknollen aus seiner alten Heimat nach Prinzendorf (Denkmal an der Kirchenmauer) bringen ließ und ihre Kultur in Niederösterreich sehr intensiv förderte. In Hauskirchen (Bezirk Gänserndorf) wurde 1974 ein Erdäpfelmuseum eröffnet.

Doch Jungbluth war nicht der Erste: Schon um die Mitte des 18. Jahrhunderts gibt es konkrete Belege für den Erdäpfelanbau im Waldviertel (1740 ist Erdäpfelanbau in Pyhrabruck im Waldviertel nachweisbar), anschließend im Weinviertel und im Voralpengebiet.

Nach der Hungersnot 1770/71 konnte ein Beamter Folgendes befriedigt berichten: „Die Erdäpfel, ein noch vor kurzen Jahren dahier auf dem Lande so unbekanntes als verächtliches Erdgewächs, wurde kaum gewürdiget … Endlich nach und nach wagten es einige … solche an den Rainen der Weinberge zu pflanzen … und nunmehr sich in Niederösterreich ziemlich verbreiten …, wie wohl nur die Brachefelder hiezu anempfohlen worden sind."

Ins Voralpengebiet drangen die Erdäpfel langsamer vor, mit Ausnahme jener Gebiete, auf denen sich Manufakturen befanden. „Erdäpfel werden allenthalben in großer Menge gebaut, wovon Mensch und Vieh den größten Teil des Jahres hindurch genährt werden", wurde 1813 über die Gegend um Lilienfeld berichtet. Dort arbeiteten viele Menschen in frühindustriellen Betrieben, während im agrarischen Marchfeld 1805 ausdrücklich darauf hingewiesen wurde, dass hier Erdäpfel noch nicht gebaut wurden. Trotz aller Skepsis gewannen die Erdäpfel immer mehr an Boden, was der Bevölkerung in Wien und Niederösterreich, vor allem in der Ausnahmesituation des Ersten Weltkriegs (1914 bis 1918), zustatten kam.

Erdäpfel – Das Marzipan des armen Mannes

Verarbeitung

Während sich bis um die Mitte des 18. Jahrhunderts die Behandlung der Erdäpfel als Nahrungsmittel auf diverse Lexika beschränkte, wurde die Knolle schließlich auch in Kochbüchern aufgenommen. Man probierte anfangs herum und verwendete sie insbesondere als Getreide- und Mehlersatz. Erdäpfel verdrängten die bäuerlichen Breie und Grützen, wurden zu Brot verarbeitet, zu Schnaps gebrannt und fanden als nahrhafte Einlage den Weg in Eintöpfe. Doch schließlich erkannte man ihre große Individualität und Wandlungsfähigkeit.

Um 1897 finden sich in den Wiener Kochbüchern, die auch für die bürgerliche Hausfrau in Niederösterreich geschmacksbildend und ausschlaggebend waren, folgende Erdäpfelrezepte: *abgeschmalzene Erdäpfel, ausgestochene Erdäpfel, Erdäpfel-Berg, Erdäpfel-Brot, Erdäpfel-Butterteig, Erdäpfel-Consommé, Erdäpfel-Cotelettes, eingebrannte Majoranerdäpfel, eingebrannte saure Erdäpfel, Erdäpfel-Farferl-Suppe, Erdäpfelfülle (für Enten und Gänse), gebratene Erdäpfel, gedünstete Erdäpfel, gefüllte Erdäpfel, geröstete Erdäpfel, Erdäpfel-Gugelhupf, Erdäpfel in Béchamelsoß, Erdäpfel in Buttermilch, Erdäpfel-Kipferl, Erdäpfel mit Knoblauch und Petersil, Erdäpfelknödel (viele Varianten), Erdäpfelknöderl mit Schinken und Speck, Erdäpfelkrapfen, Kümmelerdäpfel, Erdäpfellaibchen, Erdäpfelmaultaschen, Dillerdäpfel, Rahmerdäpfel, Erdäpfelnudeln, Paprikaerdäpfel, Petersilerdäpfel, Erdäpfelpalatschinken, Erdäpfel-Polenta, Erdäpfel-Pudding, Erdäpfelpüree, Erdäpfel-Püree-Suppe, Erdäpfelsalat (nie gezuckert!), warme Erdäpfelsoß (zu gekochtem Rindfleisch), saure Erdäpfel, Erdäpfelsterz, Erdäpfelschmarren, Erdäpfelstangerl zum Tee, Erdäpfelstrudel, Erdäpfelsuppe, Erdäpfeltorte, Erdäpfelwürferln etc.* Um 1906 wurden Pommes frites, die aus Belgien stammen, auch in Österreich beliebt.

Die Zubereitung von Erdäpfelspeisen ist aufwändig, weil man die Knollen vor oder nach dem Kochen schälen muss. Erdäpfelmassen kann man nicht aufbewahren, weil sie rasch grau und wässrig werden.

Deshalb kommen immer mehr Tiefkühl- und Convenience-Produkte von Erdäpfeln auf den Markt, die die Arbeit im Haushalt erleichtern sollen. Dafür werden eigene Erdäpfelsorten angepflanzt. Diese Fertigprodukte sind in vielen Fällen eine gute Sache, denn Erdäpfelpuffer, Pommes frites, Erdäpfelknödel, Schupfnudeln etc. leiden tiefgekühlt kaum Schaden. Ob allerdings der Erdäpfelsalat aus dem Plastikkübel mit dehydriertem Zwiebel noch Ähnlichkeit mit dem ursprünglichen, wohlschmeckenden Gericht hat, ist fraglich.

Wie in den meisten europäischen Staaten ist auch in Österreich die Erdäpfelanbaufläche zurückgegangen (von ca. 53.000 Hektar im Jahr 1980 auf 21.953 Hektar im Jahr 2004), während die Ernteerträge pro Hektar zugenommen haben. In Niederösterreich befinden sich mit Abstand die größten Anbaugebiete mit einem Anteil von 85,5 % an der Gesamternte. Beim Erdäpfelverkauf dominieren festkochende, speckige Erdäpfel und vorwiegend festkochende (Ditta, Sirtema, Kipfler, Sieglinde, Bintje, Sigma etc.); mehlige Erdäpfel sind immer weniger gefragt. 1980 wurde der Verband der niederösterreichischen Biobauern gegründet. Von österreichweit rund 2.114 Hektar Bio-Erdäpfelfläche befinden sich 1.600 in Niederösterreich. Seit Mitte der Neunziger Jahre des 20. Jahrhunderts setzte ein starker Preisverfall bei Erdäpfeln ein.

Weiterführende Literatur:

AMA (2000): Erdäpfel aus Österreich, Wien

ANDREA BRENNER (2001): Erdäpfel und Salatil, Zu einer Geschichte der Ersatzlebensmittel, Wien Dipl. Arb.

INGRID HASLINGER (2009): „Es möge Erdäpfel regnen", Eine Kulturgeschichte der Kartoffel, Wien (2. Aufl.)

HENRY HOBHOUSE (1992): Fünf Pflanzen verändern die Welt, Chinarinde, Zucker, Tee, Baumwolle, Kartoffel, München

PAULA KORTSCHAK (1915): Kartoffelküche, Graz

REDCLIFF N. SALAMEN (1970): The History and Social Influence of the Potato, Cambridge

ERNEST ROZE (1898): Histoire de la pomme de terre, Paris

LARRY ZUCKERMANN: (2004): Die Geschichte der Kartoffel, Von den Anden bis in die Fritteuse, Berlin

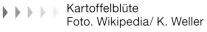

Kartoffelblüte
Foto. Wikipedia/ K. Weller

Geschichte und Kulturgeschichte des Safrananbaus in Niederösterreich

Bernhard Kaar

Der Safrankrokus *Crocus sativus L.* ist eine der ältesten Kulturpflanzen überhaupt. Während Jahrhunderten wurde Safran als Medizin, Kosmetikum, Färbemittel, Gewürz und für vieles andere mehr verwendet.

Crocus sativus gehört zur Familie der Schwertliliengewächse *Iridaceae*. Die Gattung Crocus umfasst 80 Arten, zahlreiche Unterarten und Gartensorten. Es gibt sowohl frühlings- als auch herbstblühende Crocus-Arten, zu letzterem gehört der Safrankrokus. Die dem Safrankrokus am nächsten verwandte Art, Crocus cartwrigthianus kommt aus Griechenland. Der Safrankrokus ist eine vor ca. 4 000 Jahren selektierte sterile Kulturform, die Vermehrung erfolgt rein vegetativ durch Tochterknollenbildung.

Die ersten Blüten erscheinen ab Anfang Oktober – jede einzelne birgt drei orange-rote Narbenschenkel – die sich weit aus der Blüte hinausneigen und eine Länge von 5 cm erreichen können. Diese, in drei Teilen geteilte Blütennarbe des Safrankrokus, früher auch Engelhaar genannt, ist es, die, getrocknet, das teuerste Gewürz der Welt ausmacht.

Der Beginn des Safrananbaues in Niederösterreich wird mit der Heimkehr der Kreuzritter angenommen. Dazu gibt es mehrere überlieferte Sagen aus Niederösterreich. Die früheste diesbezügliche Angabe weist darauf hin, dass der Ritter Walther von Merkenstein, um 1187 vom Kreuzzug heimkehrend, den Safrankrokus nach Niederösterreich gebracht hat.

Ein anderer heimkehrender Kreuzfahrer soll Agnes von Eckartsau, einer Ahnfrau der Grafen von Abensberg und Traun, Safranknollen mitgebracht haben. Die für ihren Weitblick und ihre gärtnerischen Fähigkeiten bekannte Frau vermehrte die Pflanzen in ihren Gärten und übergab Pflanzgut an ihre Bauern zum weiteren Anbau.

Der Benediktiner Ulrich Petrak beginnt sein 1797 erschienenes Buch „Praktischer Unterricht den niederösterreicher Saffran zu bauen" mit dem Satz: „Der Saffran, der in Niederösterreich gezogen wird, ist nach Angaben der Kenner in ganz Europa der beste, und wird seiner inneren Güte wegen von den Ausländern so häufig gesuchet, dass jeder Patriot stolz seyn darf, so vielen fremden Produkten, die wir aus wahren, oder selbst gemachten Bedürfnissen jährlich um vieles Geld erkaufen müssen, auch eines entgegen stellen zu können, dass seines vielen und ausgebreiteten Nutzens wegen einzig in seiner Art ist". Aus dem Büchlein geht auch hervor, das der niederösterreichische Safran damals sowohl den „Speisen Geruch und Zierlichkeit verlieh", dem „inner- und äußerlichen Gebrauche in den Arznein dient" und „zugleich den Künsten schöner Gemälde dienlich war" als auch „den Manufakturen ein willkommener unentbehrlicher Stof zu den feinsten Färbereien ist".

Frische Ernte von Safran-Narben (auch als Safranfäden bezeichnet) Foto: B. Kaar

Safrankrokus
Foto: B. Kaar

Safrangras Foto: B. Kaar

Krokusfeld Fotos: B. Kaar

Safran aus dem niederösterreichischen Donauraum wurde tatsächlich lange Zeit aufgrund seiner hervorragenden Qualität und Reinheit als der beste und reinste europäische Safran geführt. Safrankulturen waren in dieser Region über viele Jahrhunderte hinweg kein ungewöhnlicher Anblick.

Kronfeld schreibt in seinem 1892 erschienenen Buch, dass in Niederösterreich „noch vor kurzem die beste europäische Sorte, der berühmte Crocus austriacus erzeugt wurde". Der Kremser Simonimarkt (28. Oktober) war zu dieser Zeit noch Mittelpunkt des niederösterreichischen Safranhandels. Obwohl viele Bauern ihren Safran zu Hause direkt an Unterhändler abgaben, betrug der jährliche Absatz auf dem Kremser Markt durchschnittlich 15 Centner oder 840,09 kg. Als im Jahre 1776 die am Markt übliche Waggebühr durch eine kaiserliche Verordnung herabgesetzt wurde, erfolgte schon im gleichen Jahre 1776 ein Safranangebot von 80 Centner oder 4.480,48 kg. Um eine Vorstellung von der Ausdehnung der damaligen Safrankultur in Niederösterreich zu bekommen, muss man wissen, dass mit der damaligen Kulturführung im mehrjährigen Schnitt jährlich ca. 5 kg Safran pro Hektar zu erwarten war. Noch im Jahre 1807 betrug die Safranausfuhr Niederösterreichs 3854 kg, im Jahre 1877 allerdings nur mehr 35 kg.

Über die Gründe des Niedergangs der niederösterreichischen Safrankultur gibt es verschiedene Angaben. Kronfeld gibt an, dass am 28. Oktober 1891 in der Sitzung der niederösterreichischen Handelskammer von der „Safran-Misere Niederösterreichs" die Rede war und verschiedene Vermutungen vorgebracht wurden, warum die Safranpflanzungen in Niederösterreich im Niedergang begriffen waren. Es gab u.a. die Vermutung, dass die Verwendung von Safran abgenommen habe und so die Nachfrage sank, bzw. die Produktion zu arbeitsaufwändig gewesen wäre. Es wird auch angegeben, dass importierter Safran aus Spanien und Frankreich, auch aufgrund geringer Eingangszölle, billig angeboten wurde und dem niederösterreichischen Safran zu starke Konkurrenz machte. Dem kann man entgegenhalten, dass die sehr hohe Qualität des Crocus austriacus auch damals offenbar noch gefragt gewesen war und es daher kaum an der mangelnden Nachfrage gelegen haben kann. So stieg mit dem Rarwerden des echten niederösterreichischen Safrans sein Preis stark an – von 1775 bis 1795 verdreifachte sich der Preis laut Kronfeld beinahe. Immer wieder wird auch eine angebliche fortschreitende Abnahme der Jahrestemperatur als Grund für den Niedergang genannt. Wahrscheinlich war es eine Mischung vieler verschiedener Faktoren, die zum damaligen Niedergang der niederösterreichischen Safrankultur beigetragen haben.

Sicher ist, dass es Bemühungen gab diese Entwicklung aufzuhalten. Ulrich Petrak schreibt 1797 im Vorbericht zu seinem Buch, dass er mit diesem dem ökonomischen Publikum ein „Werkchen über einen Gegenstand, der das Augenmerk einer sorgfältigen Landesregierung ist, und einer der beträchtlichen Zweige des Nationalgewinns in der Folge werden kann" vorlegen kann. Er schreibt weiter: „... dass es gewiss ist, dass noch vor ein paar Jahren die Einfuhr an fremdem Saffran über eine halbe Million Gulden, die Ausfuhr dagegen eine sehr unbedeutende Summa betragen habe."

Ulrich Petrak gelang es Ende des 18. Jahrhunderts nicht mehr, den Niedergang des niederösterreichischen Safrans aufzuhalten. Über zweihundert Jahre später ist sein Buch, das die Zeit in der Stiftsbibliothek in Melk überdauert hat, allerdings wieder Grundlage für eine sehr erfolgreiche Initiative, die niederösterreichische Safrankultur im Donauraum wieder aufleben zu lassen. Seit 2007 blüht der Safrankrokus wieder in der niederösterreichischen Wachau, er wird dort nach überlieferter Methode in aufgelassenen Weinterrassen kultiviert. Dank der detaillierten Angaben in Petraks Buch konnte nicht nur kulturhistorisch, sondern auch qualitativ an die berühmte Tradition des niederösterreichischen Safrans angeknüpft werden. Die erzielte Qualität ist wieder sehr hoch – so sind die Fäden des Wachauer Safrans wesentlich länger als die der am Markt angebotenen Qualität – rubinrot und sehr aromatisch – und wird von Gourmets und Spitzenrestaurants sehr stark nachgefragt. Zentrum des Wachauer Safrans ist Dürnstein – dort ist auch die Wachauer Safran Manufaktur gegründet worden, in der sowohl Wachauer Safran als auch verschiedenste mit Safran veredelte regionale Produkte angeboten werden.

Krokus Foto: B. Kaar

Weiterführende Literatur

KRONFELD, M. (*1892*): Geschichte des Safrans und seiner Cultur in Europa, Verlag von Moritz Perles, Wien

PETRAK, ULRICH (*1797*): Praktischer Unterricht den niederösterreicher Saffran zu bauen, Wien und Prag

Zur Geschichte des Weinbaus in Niederösterreich

Erich Landsteiner

Nachdem griechische Kolonisten, römische Eroberer und christliche Missionare im Lauf zweier Jahrtausende den Weinbau in weiten Teilen Europas verbreitet hatten, spielten die Rebenkultur und der Weinkonsum in vielen Regionen eine gewichtige Rolle in der Wirtschaftsweise, der Alltagskultur und dem Konsumverhalten ihrer Bewohner, die ihre heutige Bedeutung weit übertrifft. Zu diesen vom Weinbau in vielfältiger Hinsicht geprägten Regionen zählen seit dem Hochmittelalter auch weite Teile Niederösterreichs. Die folgende Darstellung bietet einen – aufgrund der gebotenen Kürze notwendigerweise knappen – Abriss der historischen Entwicklung des niederösterreichischen Weinbaus. Vorausgeschickt seien einige Bemerkungen zur Eigenart des Weinbaus als landwirtschaftlichem Produktionszweig.

Agrarsystem Weinbau

Weinbau als spezifischer landwirtschaftlicher Kulturzweig beeinflusste die wirtschaftlichen und sozialen Strukturen und Beziehungen in den Weinbaugebieten in vielerlei Hinsicht: Verfügungsrechte über das genutzte Land, Betriebsformen und -größen, Haushalts- und Arbeitsorganisation, Siedlungsformen und Architektur sowie Brauchtum und Alltagskultur wurden in beträchtlichem Maß von ihm geprägt. Ohne ein gründliches Verständnis dieser Eigenarten ist keine Interpretation der historischen Entwicklung einer Weinbauregion möglich.

Die Rebenkultur, wie sie in den außermediterranen Regionen Europas bis an die Wende vom 19. zum 20. Jahrhundert betrieben wurde, ist eine Variante des Gartenbaus, der sich dadurch auszeichnet, dass den einzelnen Pflanzen eine individuelle Pflege zuteil wird und die Bodenbearbeitung in der Regel mit Handgeräten erfolgt. Sie stellte eine sehr arbeitsintensive Form der Bodennutzung dar, die ihren Betreiber vom Rebschnitt im Spätwinter bis zur Traubenlese im Herbst fast permanent beschäftigte. Bei der in Niederösterreich bis weit ins 20. Jahrhundert hinein üblichen Kulturtechnik des Pfahlbaus, wobei der Rebstock niedrig erzogen wurde, sodass der Stamm nur knapp über das Bodenniveau hinausragte, und die Ruten eine eigene Unterstützungsvorrichtung in Form eines Holzpfahls erhielten, wurde der Boden drei bis vier Mal pro Jahr mit Hauen gelockert. Die Rebentriebe mussten ein bis zwei Mal mit Strohbändern oder Weidenruten an den Pfählen befestigt und zeitgerecht eingekürzt werden. Überzählige Triebe wurden ausgebrochen. Im Frühjahr mussten nach dem zeitaufwändigen Rebschnitt und der ersten Bodenbearbeitung die Pfähle eingeschlagen werden, im Herbst wurden sie nach der Lese wieder herausgezogen und eingelagert.

Wie hier bei Soos prägt der Weinbau das Landschaftsbild Niederösterreichs
Foto: Agrafoto.com/A. Jungwirth

In Verbindung mit der hohen Bepflanzungsdichte – 20.000 Rebstöcke pro Hektar Weingarten waren durchaus üblich – ergab sich aus diesen vielfältigen Arbeitsgängen ein Arbeitsbedarf von 150 bis 200 Arbeitstagen pro Jahr. Aufgrund der jahreszeitlichen

„Veltliner Traube", 1953, Carlos Riefel, Aquarell/Papier, Landesmuseum Niederösterreich
Repro: K. Kratzer

Verteilung der Arbeiten konnte eine Arbeitskraft daher maximal einen Hektar Weinland über das Jahr hinweg auf sich allein gestellt bewältigen. Der Lohn dieser Mühe belief sich im langfristigen Durchschnitt, aber mit extremen jährlichen Schwankungen, auf etwa 2.000 Liter Wein pro Hektar. (Heute rechnet man, abhängig von der angestrebten Qualität des Produktes, mit durchschnittlich 4.000 bis 6.000 Liter pro Hektar). Zur Verrichtung dieser Arbeiten waren nur wenige Gerätschaften notwendig. Ein Rebmesser und eine Haue reichten zur Traubenproduktion aus. Vor allem bedurfte es dazu keiner Pflüge und damit auch keiner Zugtiere, weshalb die Zugtierhaltung in Weinbaugebieten vergleichsweise gering war.

Ein erhöhter Kapitalaufwand ergab sich hingegen bei der Weinbereitung, die eine Traubenpresse und Bottiche sowie Fässer und Kellerräumlichkeiten zur Lagerung erforderte. Traubenproduzenten sind aber nicht zwangsläufig Weinproduzenten. Die Produktion des Rohstoffs und dessen Verarbeitung lagen oft und liegen auch noch heute häufig in getrennten Händen. Die Bepflanzung eines Stück Landes mit Reben erzeugte mittels hohem Arbeitsaufwand ein relativ dauerhaftes Kapital, für dessen Pflege qualifizierte Arbeitskräfte erforderlich waren. Insbesondere im urbanen Umfeld, wo häufig Lohnarbeitskräfte eingesetzt wurden, finden sich daher häufig zunftähnliche Korporationen von Weinbautreibenden (Hauerzechen), die ihren Mitgliedern, ähnlich wie die Handwerkszünfte, Lehrzeiten vorschrieben und Qualifikationszeugnisse abverlangten.

Eine erste Veränderung dieser Form der Rebenkultur, deren Geschichte bis ins antike Griechenland zurückreicht, ergab sich durch die Rekonstitutionsmaßnahmen im Zuge der Reblausinvasion im letzten Drittel des 19. Jahrhunderts, die nach und nach eine vollständige Rodung aller bestehenden Weinpflanzungen und deren Wiederauspflanzung mit Pfropfreben erzwang. Staatliche Förderungen der Neuanlage wurden damals von der Reihenauspflanzung abhängig gemacht, wodurch erstmals Pflüge in die Weingärten Einzug hielten. In einem nächsten Schritt wurde die Pfahlbauweise durch die Drahtrahmenkultur ersetzt. Über den Zwischenschritt des niedrigen Drahtrahmens mit engen Reihenabständen, der in Niederösterreich im zweiten Drittel des 20. Jahrhunderts langsam an Boden gewann, ging man ab den Sechziger Jahren zu hohen Drahtrahmen mit relativ weiten Reihenabständen und deutlich geringerer Pflanzdichte über. Erfinder und Pionier dieser neuen Erziehungsart der Reben war der Weingutsbesitzer Lenz Moser aus Rohrendorf bei Krems, der sie gegen den Widerstand des Weinbauestablishments mit großem persönlichen Einsatz und einer regen publizistischen Tätigkeit propagierte. Sie stellte die Voraussetzung für die Mechanisierung der meisten Arbeitsschritte in der Traubenproduktion (mit Ausnahme des Rebschnitts) dar und ist inzwischen weltweit die am weitesten verbreitete Kultivierungsform der Weinrebe.

Während im mediterranen Raum aufgrund der klimatischen Verhältnisse Weinbau fast überall betrieben werden kann, oft in Form einer Mischkultur in das Agrarsystem integriert war und die Produktion häufig lediglich den Bedarf der Produzenten und Landbesitzer abdeckte, tendiert er im außermediterranen Europa aufgrund der Abhängigkeit von günstigen naturräumlichen Verhältnissen seit jeher zur monokulturellen Konzentration in bestimmten Gegenden. Weinbaugebiete in dem Sinn, dass die Rebenkultur das Landschaftsbild ganzer Landstriche prägt, gab es daher lange Zeit vor allem im außermediterranen Europa, während es in den mediterranen Regionen dazu des Impulses besonders günstiger Absatzverhältnisse aufgrund der Nachfrage eines städtischen Konsumzentrums oder des Fernhandels mit Wein bedurfte. Wer in spezialisierter Form Wein produziert, erzeugt eine Ware für den Verkauf. Dies verlieh den extramediterranen Weinbaugebieten bereits in einer Zeit, als weite Bereiche der Landwirtschaft noch primär auf die Erzeugung von Nahrungsmitteln für den Eigenkonsum ausgerichtet waren, ihr besonderes wirtschaftliches Gepräge, zumal sie vom Absatz des Produktes auf regionalen und überregionalen Märkten und der Zufuhr von Nahrungsmitteln abhängig waren. Aufgrund dieser Eigenart war der Weinbau im europäischen Mittelalter und der beginnenden Neuzeit in hohem Ausmaß ein städtischer Wirtschaftszweig. Einerseits erlaubte die hohe Intensität der Bodennutzung Bevölkerungskonzentrationen, wie

Weißenkirchen an der Donau im Herbst Foto: G. Semrad

sie in den Ackerbau- und Viehzuchtgebieten unter vorindustriellen Bedingungen kaum möglich waren, andererseits förderte der hohe Kommerzialisierungsgrad der Produktion die Marktbildung und die Entstehung urbaner Siedlungsformen.

Weinbau in Niederösterreich

Obwohl die gegenwärtige Geographie der Produktion und des Konsums alkoholhältiger Getränke dies nicht nahe legt, ging die Verbreitung des Weinbaus in Niederösterreich im Mittelalter von Bayern aus. Das hängt mit der Besiedlung und herrschaftlichen Organisation des Donauraums im Frühmittelalter zusammen. Obwohl in römischer Zeit entlang der Donau gewiss Weinbau betrieben wurde, gibt es keine Belege für seine Kontinuität im niederösterreichischen Raum nach dem Abzug eines Großteils der romanischen Bevölkerung aus Ufernoricum am Ende des 5. Jahrhunderts. Insofern markieren die großzügigen Schenkungen ganzer Landstriche entlang der Donau zwischen Melk und Krems an bayerische Klöster (Kremsmünster, Niederaltaich, Tegernsee etc.) und Bischofskirchen (Freising, Passau, Salzburg) im Zuge der Formierung der karolingischen Ostmark an der Wende vom 8. zum 9. Jahrhundert einen Neuanfang. In einer 830 dem Kloster Niederaltaich ausgestellten Urkunde Ludwigs des Deutschen findet sich denn auch eine erste Erwähnung der Wachau und des dort betriebenen Weinbaus. Bayern war damals noch nicht das Land der Brauhäuser und Biertrinker, sondern zeichnete sich durch eine nicht unbeträchtliche Weinproduktion vor allem im Regensburger Raum aus. Die großen Ähnlichkeiten in der Weinbauterminologie zwischen Bayern und Niederösterreich verweisen in etymologischer Hinsicht auf die bayerischen Ursprünge, und bis ins 17. Jahrhundert lässt sich eine rege Migration von Weingartenarbeitern aus Bayern nach Niederösterreich feststellen. Von Klöstern betriebener bzw.

dominierter Weinbau, der damals grundgelegt wurde, sollte die Wachau und den Kremser Raum bis zur Säkularisierung des Klosterbesitzes am Beginn des 19. Jahrhunderts prägen.

Nach den Ungarneinfällen des 10. Jahrhunderts, die die Kolonisation unterbrachen und das Land neuerlich entvölkerten, und dem in weinbaulicher Hinsicht schlecht dokumentierten 11. Jahrhundert, setzte an der Wende vom 11. zum 12. Jahrhundert ein neuerlicher Entwicklungsschub ein, im Zuge dessen die Weinbaugeographie Niederösterreichs Gestalt annahm. Die auf 1083 datierte, tatsächlich aber erst nach 1164 angefertigte Stiftungsurkunde des Benediktinerstiftes Göttweig nennt Weingartenbesitz am südlichen Donauufer bis in den Klosterneuburger Raum sowie Weinzehentrechte des Klosters in Krems. In und um Krems setzte zu Beginn des 12. Jahrhunderts ein reger Besitzerwerb durch bayerische, Salzburger und oberösterreichische Abteien ein, der bis ins 13. Jahrhundert anhielt.

Die Klöster verwalteten ihren Weingartenbesitz von Lesehöfen aus, in denen die Weinernte verarbeitet und für den Transport donauaufwärts vorbereitet wurde und die das Stadtbild und die Vororte ebenso wie die Wachauer Ortschaften über Jahrhunderte prägten. Aus dem frühen 12. Jahrhundert stammen auch erste Belege für das so genannte Bergrecht in der Kremser Gegend, ein spezifisches und besonders günstiges Besitzrecht, das dem Nutzer weitgehende Dispositionsrechte über das Grundstück (Recht des Verkaufs und der Vererbung; keine Untertänigkeit unter den Grundherrn des Landes) zugestand und somit einen hohen Anreiz zur Neuanlage von Rebpflanzungen darstellte. Auch für andere europäische Weinbaugebiete lässt sich nachweisen, dass die arbeitsaufwändige Bepflanzung von landwirtschaftlich sonst geringwertigem Boden mit Reben stabile und günstige Landbesitzrechte als Belohnung für die Mühe begründete. Im weiteren Sinn wurde mit „Bergrecht" auch eine vom Weinertrag zu leistende grundherrliche Naturalabgabe sowie die Kodifizierung der Pflichten und Rechte der einzelnen Besitzer im Rahmen einer einzelnen Weingartenflur („Weinberg') bezeichnet. Ein zweiter früher Beleg für das Bergrecht findet sich im Urbar des bayerischen Grafengeschlechts der Falkensteiner aus dem letzten Drittel des 12. Jahrhunderts (1166 ff.), das auch in der Umgebung der Burg Hernstein im niederösterreichischen Voralpengebiet an der oberen Piesting Herrschaftsrechte ausübte, in einer Gegend, in der der Weinbau bereits im Lauf des 19. Jahrhunderts fast völlig abgekommen ist.

Weingartenarbeiter und Weingartenbesitzer. Holzschnitt am Titelblatt des „Weinbuchs" von Johann Rasch, München 1580. Rasch war Organist am Wiener Schottenstift (Quelle: J. Rasch, Das Weinbuch, Dortmund 1981 (Faksimileausgabe))

Im Hügelland des Weinviertels bildete sich im Zuge der Kolonisation ab der Mitte des 11. Jahrhunderts eine Agrarstruktur heraus, die vermutlich von Anfang an auf einer Kombination von Ackerbau und Weinbau basierte. Zu einer deutlichen Intensivierung der Weinproduktion, sieht man von der Retzer Gegend und dem Raum Poysdorf-Falkenstein ab, kam es hier aber erst im Verlauf der frühen Neuzeit. Im Spätmittelalter und auch noch im 16. Jahrhundert lag der Schwerpunkt des niederösterreichischen Weinbaus weiterhin im Donauraum. Die maßgeblichen Zentren der Weinproduktion waren hier die Städte Krems und Stein, Klosterneuburg und Wien sowie einige große Marktorte im unteren Kamptal und entlang der Thermenlinie mit Langenlois, Mödling und Perchtoldsdorf an der Spitze. Es ist sicher kein Zufall, sondern eine Folge ihrer auf dem Weinbau und dem Weinhandel basierenden wirtschaftlichen Prosperität, dass die 18 landesfürstlichen Städte und Märkte Niederösterreichs zum überwiegenden Teil Weinproduktionszentren waren. Auch Wien, die Hauptstadt des Landes, die allein den „halben vierten Stand" ausmachte, war bis an den Beginn des 17. Jahrhunderts eine Weinbaustadt, zumal gut ein Drittel der Bürger Weingartenbesitzer waren. Die wohlhabenden Stadt- und Marktbürger ließen ihre Weingärten von Lohnarbeitern, so genannten Weinzierln, Hauern und Hauerknechten bearbeiten, deren Löhne und Arbeitsbedingungen durch zahlreiche landesfürstliche Weingartenordnungen (erstmals 1534 für das Wiener Weinbaugebiet, 1540 für den Kremser Raum) reglementiert wurden. 1597 kam es im Zuge von Lohnkonflikten angesichts stark sinkender Reallöhne zu einem Aufstand der Weingartenarbeiter in der Gegend von Gumpoldskirchen, der blutig niedergeschlagen wurde. In der Kremser Gegend und der Wachau wurden die Weingärten der Klöster und der Stadtbürger hingegen zum überwiegenden Teil im Wege des Teilbaus bearbeitet, wobei die Hauer zwar die Hälfte bis zwei Drittel des Traubenertrags als Entlohnung erhielten, ihren Anteil aber in der Regel gegen Bezahlung den Weingartenbesitzern überließen. In den übrigen Landesteilen wurde diese Form der Arbeitsorganisation selten praktiziert, sodass anzunehmen ist, dass ihre Verbreitung insofern mit dem hohen Anteil des klösterlichen Weingartenbesitzes zusammenhing, als die Klöster durch die Ertragsbeteiligung der Weingartenarbeiter das Problem mangelnder Sorgfalt und schwieriger Kontrolle der Arbeitsleistung zu lösen versuchten.

Basis der bis in die zweite Hälfte des 16. Jahrhunderts expandierenden Weinproduktion war neben dem Konsum im Land selbst ein beträchtlicher Weinexport in die westlichen Nachbarländer Oberösterreich, Bayern und Salzburg, wobei die Donau den wichtigsten Transportweg darstellte. Mitte des 16. Jahrhunderts passierten nach ertragreichen Weinernten 100.000 Hektoliter Wein und mehr die Zollstelle Engelhartszell knapp unterhalb von Passau. Da die niederösterreichische Regierung und die Landstände bis zur Mitte des 18. Jahrhunderts den west- und oberungarischen Weinbaugebieten den Export ihres Weins auf der Donau verwehrten und ihnen allenfalls den Transit auf dem Landweg in die böhmischen Länder und nach Schlesien gewährten, stammten diese Weinmengen ausschließlich aus den Weinbaugebieten im Einzugsbereich der niederösterreichischen Donau. Ganz auf den Export nach Böhmen war das Umland der Stadt Retz, die weitaus wichtigste Weinbauregion im nördlichen Niederösterreich, ausgerichtet.

Gegen Ende des 16. Jahrhunderts verdüsterten sich die Aussichten für die niederösterreichischen Weinproduzenten. Ab 1587 beeinträchtigte eine Serie von klimatisch bedingten Missernten die Rentabilität des mit Lohnarbeitskräften betriebenen Weinbaus. Der Export brach ein und wurde durch Verbote zur Sicherung der Inlandsversorgung fallweise gänzlich unterbunden. Die stark gestiegenen Weinpreise leiteten einen Wandel des Getränkekonsums in den traditionellen Absatzgebieten ein. Bayern, Salzburg und Oberösterreich gingen vermehrt zur Bier- und Obstmostproduktion über und selbst in Wien kam es Ende

Blauer Portugieser Foto: Agrarfoto.com

Zur Geschichte des Weinbaus in Niederösterreich

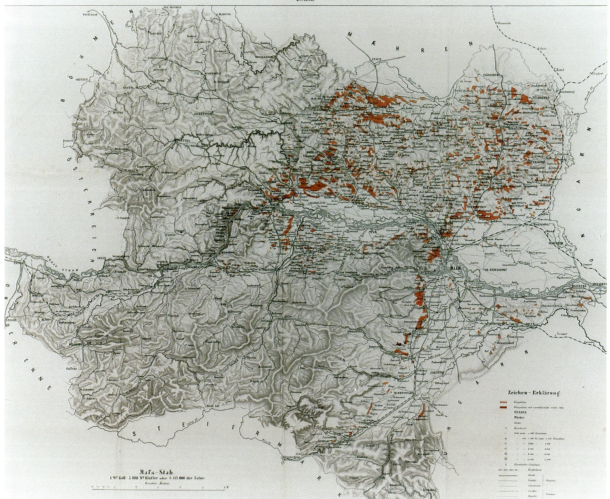

Statistische Karte des Weinbaus in Niederösterreich, hgg. von der k. k. Landwirthschaftsgesellschaft in Wien (1866)
Die Weinbaugebiete sind auf der Karte rot markiert

des 16. Jahrhunderts zu einem Brauboom. Kaum hatte sich die Lage im zweiten Jahrzehnt des 17. Jahrhunderts entspannt, machte der Ausbruch des Dreißigjährigen Krieges alle Hoffnungen auf eine dauerhafte Erholung zunichte. Niederösterreich war am Beginn und Ende des langen Konflikts Kriegsschauplatz. 1648 lagen nicht nur viele Städte und Dörfer in Trümmern, sondern waren auch die sensiblen Weinkulturen vielerorts verwüstet oder mangels Bearbeitern verödet.

Der in der zweiten Hälfte des 17. Jahrhunderts rasch voranschreitende Wiederaufbau und die Neuanlage der Weingärten erfolgten im Zuge eines Strukturwandels, der die Geographie und die Produktionsverhältnisse des niederösterreichischen Weinbaus beträchtlich veränderte. Der Schwerpunkt der Weinproduktion verschob sich nun zunehmend ins Weinviertel, wo die bäuerliche Bevölkerung, insbesondere die wachsende Zahl der Kleinbauern und Häusler, ihr Land zunehmend mit Reben bepflanzten, um billigen Wein für die stetig an Bedeutung gewinnende Metropole Wien, die sich im Verlauf des 17. Jahrhunderts von einem Weinproduktions- in ein Weinkonsumzentrum verwandelte, zu produzieren. Der bürgerliche Weinbau in den traditionellen Weinbauregionen des Landes geriet gegenüber dieser Konkurrenz zunehmend ins Hintertreffen, zumal er mit einer ganz anderen Kostenstruktur konfrontiert war. Während die Weinviertler Weinbauern auf ihr familiäres Arbeitskräftepotenzial zurückgreifen konnten, aufgrund ihrer eigenen Nahrungsmittelproduktion schlechte Ernten und Preiseinbrüche relativ gut überstanden und sich auch mit geringen Erlösen zufrieden gaben, gerieten die mit entlohnten Arbeitskräften wirtschaftenden Produzenten in den Städten und Märkten in eine Kostenschere, zumal auch die relativen Weinpreise durch die Expansion der Produktion im Weinviertel kontinuierlich sanken und der Export weiterhin rückläufig war.

Der Weinbau begann damals die Kulturlandschaft des Weinviertels zunehmend zu prägen. Ein charakteristisches Element sind die zahlreichen Kellergassen, die im Lauf des 18. und auch noch in der ersten Hälfte des 19. Jahrhunderts angelegt wurden. Während in den ins Mittelalter zurückreichenden Weinbaugebieten des Landes der Wein vornehmlich in den ausgedehnten Kelleranlagen der Städte und Märkte gelagert wurde, wenn er nicht unmittelbar nach der Ernte noch als Most verkauft wurde, musste in den Weinviertler Dörfern mit zunehmender Weinproduktion erst Lagerraum geschaffen werden und dazu wich man eben auf geeignetes Gelände am Rand der Siedlungen aus. Mit dem bäuerlichen Weinbau scheint auch jene Rebsorte zunehmend Verbreitung gefunden zu haben, die heute noch im niederösterreichischen Weinbau dominiert. Sie wurde bis in die zweite Hälfte des 19. Jahrhunderts, von der Landbevölkerung auch noch später, als „Grüner Muskateller" bezeichnet. Es handelt sich dabei aber eindeutig um den „Grünen Veltliner". Obwohl erste Nennungen unter der Bezeichnung „Muskateller" bis ins 16. Jahrhundert zurückreichen, machten sie ihre potenziell hohen Erträge und ihre Widerstandskraft gegen negative Witterungseinflüsse (Frost, Fäulnis) für die Weinviertler Weinbauern besonders attraktiv. Frühe rebkundliche Untersuchungen aus dem ersten Drittel des 19. Jahrhunderts weisen darauf hin, dass sie zu dieser Zeit im Weinviertel bereits weit verbreitet war, damals allerdings noch im „gemischten Satz" mit anderen, heute fast oder zur Gänze verschwundenen Rebsorten wie dem „Grünen Sylvaner" (vormals „Grüner Zierfandler").

Trotz zahlreicher Auspflanzverbote nahm die Weinbaufläche im Weinviertel im Verlauf des 18. Jahrhunderts kontinuierlich zu. Mitte des 18. Jahrhunderts war aber landesweit mit ca. 60.000 ha bereits ein Höhepunkt erreicht, wovon lediglich etwa 4.300 ha noch auf die landesfürstlichen Städte und Märkte entfielen und der von Adel und Kirche in Eigenregie betriebene Weinbau sich bloß auf 3.500 ha belief. Fast neun Zehntel der Weinbaufläche des Landes waren zu diesem Zeitpunkt somit bereits im Besitz der bäuerlichen Landbevölkerung. In weiterer Folge ging die Rebfläche im Land angesichts des permanent sinkenden Weinpreises, der auf eine strukturelle Überproduktion hindeutet, wieder zurück. Um 1830 waren laut den Katastralvermessungsergebnissen noch 46.000 ha Land mit Reben bepflanzt, 31.000 ha (67%) davon allein im Weinviertel, um 1900 nur mehr 37.000 ha.

Gegenwärtig (2009) beläuft sich die niederösterreichische Weinbaufläche auf 27.741 ha, wenn man die 557 ha im Wiener Stadtgebiet hinzurechnet.

Weiterführende Literatur

Martin Bauer (*2008*): Sonderweg Wachau? Weinbaumonokultur, Produktionsverhältnisse und Gemeindeautonomie im niederösterreichischen Donautal in der Frühen Neuzeit. In: Jahrbuch für Regionalgeschichte 26, 59-84.

Erich Landsteiner (*1992*): Weinbau und Gesellschaft in Ostmitteleuropa. Materielle Kultur, Wirtschaft und Gesellschaft im Weinbau, dargestellt am Beispiel Niederösterreichs in der frühen Neuzeit. Phil. Diss. (masch.), Universität Wien.

Erich Landsteiner (*1993*): Einen Bären anbinden. In: Österreichische Zeitschrift für Geschichtswissenschaften 4, 218-252.

Erich Landsteiner (*1996*): Weinbau und bürgerliche Hantierung. Weinbau und Weinhandel in den landesfürstlichen Städten und Märkten Niederösterreichs in der Frühen Neuzeit. In: Ferdinand Opll (Hg.), Stadt und Wein, Linz (Beiträge zur Geschichte der Städte Mitteleuropas Bd. 14), 17-50.

Erich Landsteiner (*2004*): Weinbau und Alkoholproduktion im südöstlichen Mitteleuropa. Eine langfristige Perspektive (16.-19. Jahrhundert). In: Österreich in Geschichte und Literatur 48/5, 266-284.

Andreas O. Weber (*1999*): Studien zum Weinbau der altbayerischen Klöster im Mittelalter, Stuttgart

Emmer, Einkorn und Waldstaudenkorn

Heinrich Grausgruber

Weizen und Roggen sind in Österreich als Brotgetreide jedermann bekannt. Auch Dinkel ist im Brotkorb der Österreicher keine Seltenheit. Wo liegt aber der Unterschied zwischen Dinkel und Weizen? Ist Dinkel tatsächlich, wie uns viele Werbebroschüren vermitteln wollen, der Urweizen unseres heutigen Brotweizens? Worum handelt es sich bei den als Urgetreide beworbenen Einkorn, Emmer und Waldstaudenkorn und welche Vor- und Nachteile besitzen diese Getreide? Wieviel „Ur" steckt tatsächlich in den von Landwirten, Mühlen und Bäckern angepriesenen alternativen Getreidearten? Im Folgenden werden die auf heimischen Feldern kultivierten, seltenen Getreidearten etwas ausführlicher beschrieben.

Entstehung der Landwirtschaft

In den letzten 10 000 Jahren erfolgte in verschiedenen Regionen der Erde ein Übergang von einer nomadischen Jäger-und-Sammler-Lebensweise in eine auf Ackerbau, Viehzucht und Vorratshaltung basierende Wirtschaftsweise mit festen Siedlungen. Erstmals fand dieser Prozess, der auch als Neolithische Revolution bezeichnet wird, im Fruchtbaren Halbmond statt, jenem Gebiet im Nahen Osten, welches sich entlang der Flüsse Jordan, Euphrat und Tigris erstreckte. Unabhängig davon entstand Landwirtschaft zu späteren Zeitpunkten auch in Mexiko, China, Neuguinea, den Anden und Amazonien, im Osten der Vereinigten Staaten, sowie in Subsahara-Afrika (Sahel, Westafrika, Äthiopien). Vom Fruchtbaren Halbmond breitete sich der Ackerbau und die damit verbundenen Pflanzen nach Europa aus, einerseits über Kleinasien und dem Balkan, andererseits entlang der Mittelmeerküsten.

Die frühe Landwirtschaft Mesopotamiens basierte auf acht Pflanzenarten: den Getreidearten Einkorn, Emmer und Gerste, den Hülsenfrüchten Erbse, Kichererbse, Linse und Linswicke, sowie dem als Faserpflanze verwendeten Lein. Eine derartig große Vielfalt an ersten Kulturpflanzen konnte in keinem anderen Ursprungszentrum der Landwirtschaft festgestellt werden. Wenn also von „Urgetreide" gesprochen wird, trifft dies im engeren Sinne nur auf Einkorn, Emmer und Gerste zu.

Im Gegensatz zu Wildpflanzen sind Kulturpflanzen für die Reproduktion auf den Menschen angewiesen. Für Wildeinkorn, -emmer und -gerste ist z. B. charakteristisch, dass die reife Ähre bei Erschütterung in ihre Einzelteile (Ährenspindel, Spelzen und Samen) zerfällt.

Streift ein Tier durch den Bestand, geht ein Gewitter nieder oder schlägt der Wind Halm an Halm, zerfällt die Ähre von selbst. Die Samen fallen auf den Boden und die nächste Generation ist gesät. Es wäre wohl nie zum Getreidebau gekommen, wären die damaligen Menschen auf das Auflesen der Samen vom Boden angewiesen gewesen.

Durch natürliche Mutation entstanden aber nicht brüchige Ähren, die Samen blieben also am Halm, bis sie vom Menschen geerntet wurden. Bei der gezielten Auswahl und Vermehrung dieser Formen durch Menschen handelt es sich wohl um die erste pflanzenzüchterische Tätigkeit. Zu den ersten Selektionsmerkmalen gehörte auch die Samengröße, sodass bereits die ersten Kulturpflanzen deutlich größere Samen als ihre Wildpflanzen bildeten.

Einkorn

Die Kulturform des Einkorn, *Triticum monococcum*, entwickelte sich aus dem Wildeinkorn *T. boeoticum* und besitzt das (diploide) Genom A^mA^m. Einkorn spielte als eine der ersten Kulturpflanzen eine wesentliche Rolle in der frühen Landwirtschaft des Nahen Ostens und Europas, an der Evolution des Saatweizens war *T. monococcum* jedoch nicht beteiligt.

Brandkornernte im Maria Zellerland um 1920
Foto: Archiv Landesmuseum Niederösterreich

Weizenarten werden genetisch in die diploide Einkorn-Reihe, die tetraploide Emmer-Reihe und die hexaploide Dinkel-Reihe eingeteilt. Dem Druschtyp nach unterscheidet man Spelz- und Nacktweizen. Zu den Spelzweizen zählen Einkorn, Emmer und Dinkel (Bild oben links). Beim Drusch von Spelzweizen zerfällt die Ähre in sogenannte Vesen, welche aus einem Ährenspindelglied, den Spelzen und den Samen bestehen. Um an das freie Korn zu kommen, ist ein eigener Arbeitsschritt, die Entspelzung, notwendig. Bei der Produktion von Grünkern wird Dinkel im Stadium der Milchreife geerntet, anschließend die Vesen gedarrt und erst dann die Entspelzung vorgenommen.

Im Gegensatz zu Spelzweizen ist Nacktweizen spelzenfreidreschend. Beim Drusch zerfällt die Ähre in Ährenspindel, Spelzen und Samen. Die Trennung von „Spreu und Weizen" erfolgt altersher durch Windsichtung, bei der die leichtere Spreu weggeblasen wird. Zu den Nacktweizen zählen der Weich- oder Saatweizen (Bild oben rechts), der als wichtigstes Brotgetreide den weltweiten Weizenanbau dominiert und der Hartweizen (Durum), welcher vor allem im Mittelmeergebiet kultiviert und hauptsächlich zur Herstellung von Pasta verwendet wird. Während bei Weichweizen ein weißer Mehlkörper erwünscht ist, wurde Hartweizen auf einen möglichst hohen Carotinoidgehalt selektiert, um der Pasta eine natürliche Gelbfärbung zu verleihen.
Foto: Heinrich Grausgruber

Zu den besonderen Eigenschaften von Einkorn zählt die Ausbildung von nur einem Korn pro Ährchen (daher auch der Name), einem im Vergleich mit anderen Weizenarten kleinem und weichem Korn, sowie ein hoher Gehalt an Eiweiß, Carotinoiden und Mineralstoffen. Trotz des hohen Proteingehaltes ist die Backfähigkeit auf Grund der geringen Kleberqualität gering – aus Einkorn hergestellte Teige sind weich und neigen zur Klebrigkeit.

Wie Emmer und Dinkel zählt Einkorn zu den Spelzweizen, d. h. beim Drusch fallen die Körner nicht frei an, sondern sie sind noch von den auf einem Ährenspindelglied sitzenden Spelzen umgeben. Diese sogenannten Vesen müssen erst einer Entspelzung unterzogen werden, um an das freie Korn zu gelangen. Deutlich niedrigere Erträge im Vergleich zum Saatweizen ergeben sich aus der geringeren Kornanzahl pro Pflanze und dem geringeren Korngewicht. Neben dem Korn wurde beim Einkorn auch gerne das Stroh genutzt: Das feine, widerstandsfähige Stroh eignete sich hervorragend für Flechtarbeiten oder zum Anbinden von jungen Rebstöcken und Obstbäumen.

Emmer

Emmer zählt zu den ersten domestizierten Getreidearten. Die Kulturform, *T. dicoccum*, entwickelte sich aus dem Wildemmer, *T. dicoccoides*. Wildemmer entstand durch die zufällige Kreuzung eines bisher nicht eindeutig identifizierten Elters mit dem Wildeinkorn *T. urartu*; letzteres agierte dabei als Pollenspender. Auch wenn die Mutterschaft noch nicht eindeutig geklärt wurde, konnte molekularbiologisch eine große Übereinstimmung zum heute noch in Südosteuropa und Westasien wild vorkommenden Ziegengras *Aegilops speltoides* festgestellt werden. Bei der Artbastardierung kam es zu einer Verschmelzung der beiden Genome, BB von *Aegilops* und AA von *T. urartu*, und einer Chromosomenverdoppelung. Bei Emmer und dem mit ihm verwandten Hartweizen (*T. durum*), welcher für die Herstellung von Pasta verwendet wird, handelt es sich somit um einen tetraploiden Weizen. Vermutlich fand die Artbastardierung mehrmals an unterschiedlichen Plätzen des Nahen Ostens statt,

Im Zuge der Domestikation wurden gezielt Mutationen von Wildpflanzen selektiert, die einen Ackerbau ermöglichten. Zu den wichtigsten Selektionsmerkmalen bei Getreide zählen die nicht brüchige (feste) Ähre, die Samengröße und die Anzahl an Samen pro Ähre. Im Bild abgebildet sind in der oberen Reihe Wild- und Kulturformen von Spelzweizen, in der unteren Reihe Kulturformen von Nacktweizen: *Aegilops* Ziegengras (Vese), Wildeinkorn *Triticum boeoticum*, Kultureinkorn *T. monococcum*, Wildemmer *T. dicoccoides*, Kulturemmer *T. dicoccum*, Dinkel *T. spelta* (jeweils Vese und Samen) (obere Reihe v.l.n.r.); Hartweizen *T. durum* (Ährchen und Samen), Khorasanweizen *T. turanicum* (Samen) und Weichweizen *T. aestivum* (Ährchen und Samen) (untere Reihe v.l.n.r.).
Foto: H. Grausgruber

wodurch die große Diversität innerhalb des Emmers erklärt werden kann. Emmer war das Hauptgetreide im alten Ägypten, wo er u. a. zur Herstellung des vermutlich ältesten Bieres verwendet wurde.

Emmer zeichnet sich durch ein hartes Korn aus. Üblicherweise werden pro Ährchen zwei Körner ausgebildet, woher sich auch das Synonym Zweikorn ableitet. Durch die harte Korntextur eignet sich Emmer sehr gut für die Herstellung von Teigwaren. In manchen Gebieten Europas hat sich ein durchgehender Emmeranbau seit alters her erhalten. So darf beispielsweise der *Farro della Garfagnana* aus der Provinz Lucca (Toskana) eine von der EU genehmigte und durch Logo ausgewiesene geschützte Ursprungsbezeichnung tragen.

Dinkel

Durch die Artbastardierung von Wildemmer mit Aegilops tauschii entstand der Saatweizen, *T. aestivum*, auch Weich- oder Brotweizen genannt. In ihm sind drei verschiedene Genome, BBAA von Wildemmer sowie DD von *Ae. tauschii*, vereint. Nach ihrer Genetik kann Weizen somit in diploide, tetraploide und hexaploide Arten eingeteilt werden. Saatweizen zeichnet sich durch einen spelzenfreien Drusch aus, d. h. bei der Ernte fallen die Körner frei von Spelzen an. Höhere Erträge und eine sofortige Verwendung der Körner trugen zur schnellen Verbreitung und damit zur Verdrängung von Einkorn und Emmer bei. Ein weiterer Vorteil von Weichweizen ist die hohe Backfähigkeit, welche durch das D-Genom von *Ae. tauschii* wesentlich verbessert wurde.

Entgegen alter Meinungen ist Dinkel (*T. spelta*) nicht die bespelzte Urform des Weichweizens. Neue Studien zu seiner Entstehung offenbaren, dass in Europa *T. spelta* durch eine Auskreuzung von Weichweizen mit Emmer entstand, er somit jünger als Weichweizen ist. Unter den Spelzweizen erreicht Dinkel die höchsten Erträge und zeichnet sich zudem durch die beste Backqualität aus. Im Gegensatz zu Einkorn und Emmer wurde Dinkel seit Beginn der professionellen Pflanzenzüchtung bearbeitet. Bei Dinkel sind Sorten allerdings länger am Markt als bei Weichweizen, sodass diese meist züchterisch älter sind als die meisten Weichweizensorten. Um den Ertrag, die Standfestigkeit und die Backqualität von Dinkel zu erhöhen, wurde in manchen Zuchtprogrammen Weichweizen eingekreuzt. Die daraus entstandenen Sorten werden nicht zu den „echten" Dinkeln gezählt und daher oft am Getreidemarkt nicht akzeptiert.

Mumienweizen, Kamut und Purpurweizen

Seit mehr als 100 Jahren gibt es Geschichten von Mumienweizen. Das sind Körner, aus Pharaonengräbern stammend, die wieder angebaut wurden und den ursprünglichen, unverfälschten Weizen der Ägypter darstellen. Die ältesten Getreidesamen, die wieder zur Keimung gebracht werden konnten, waren 90 bis 120 Jahre alt. Eine Erhaltung der Keimfähigkeit über Jahrtausende hinweg ist unmöglich. Geschichten von solchen „Pharaonenweizen" sind somit im Bereich der Märchen anzusiedeln.

Bei Kamut handelt es sich um keine neu entdeckte, alte Weizenart, sondern um einen geschützten Markennamen, unter dem Produkte, aus einer bestimmten Hartweizensorte hergestellt, vermarktet werden. Bei der verwendeten Sorte handelt es sich um einen freidreschenden tetraploiden Weizen, der große Ähnlichkeit zu Khorasanweizen (*T. turanicum*) hat. Das Ursprungszentrum dieser Weizenart liegt im Südosten des Kaspischen Meeres. Typisch für Khorasanweizen sind die sehr großen Körner.

Maßgeblichen Anteil am enormen Ertragszuwachs in der Weizenproduktion seit 1960 hatte die sogenannte Grüne Revolution. Durch die Entwicklung von Kurzstrohsorten wurde die Standfestigkeit deutlich erhöht und höhere Stickstoff-Düngergaben möglich, ohne die Erntbarkeit der Bestände durch Lager zu beeinträchtigen. Durch die neuen Kurzstrohsorten bei Weizen und Reis konnte die Getreideproduktion in Asien enorm gesteigert und größere Hungersnöte vermieden werden. Norman Borlaug (*1914, † 2009), dem Initiator des Weizenzuchtprogrammes der Grünen Revolution, wurde 1970 für diese entscheidenden Verbesserungen der Friedensnobelpreis zuerkannt. Alte Sorten unterscheiden sich daher von modernen Sorten auch in ihrem höheren Wuchs. Im Bild zu sehen ist Einkorn neben einer modernen Weichweizen-Kurzstrohsorte (rechts im Vordergrund) sowie einer alten Weichweizen-Sorte (rechts im Hintergrund). Während moderne Sorten unter ausreichender Nährstoffversorgung selektiert wurden, ist dies bei alten Sorten oft nicht der Fall. Sie sind genügsamer in ihren Ansprüchen und besser an extensive Produktionsbedingungen angepasst, wodurch Ertragsdifferenzen zwischen alten und modernen Sorten geringer ausfallen als unter intensiven Bedingungen.
Foto: H. Grausgruber

Violettkörnige Weizensamen sind seit knapp 140 Jahren von äthiopischen Landsorten bekannt. Vor etwa 30 Jahren wurde in Neuseeland die erste kommerzielle Weichweizensorte mit violetter Samenfarbe auf den Markt gebracht, die Genetik der Samenfarbe stammte aus einer äthiopischen Landsorte. Seither wurden weltweit mehrere sogenannte Purpurweizen entwickelt. Es handelt sich somit um moderne und keineswegs alte, wiederentdeckte Sorten. Da die für die Samenfarbe verantwortlichen Pigmente in der Samenschale lokalisiert sind, ist eine innovativ dunkle Krumenfarbe nur bei Vollkorngebäck zu erzielen.

Waldstaude(n)korn

Roggen (*Secale cereale*) stammt wie Weizen und Gerste aus dem Fruchtbaren Halbmond. Zu Beginn wurde er als Beikraut in den ersten Getreidearten mit diesen verbreitet. Erst 3 000 bis 4 000 v. Chr. wurde in der Umgebung des Kaspischen Meeres der Roggen in Kultur genommen, man spricht daher auch von einer sekundären Kulturpflanze. Über Russland kam der Roggen nach Nord- und Mitteleuropa, wo er jahrhundertelang das wichtigste Brotgetreide war. Im Zuge der Domestikation wurden nicht nur die Körner größer, der Spelzenschluss geringer und die Ährenspindel fest, sondern der Roggen entwickelte sich aus perennierenden Wildformen wie dem Bergroggen (*S. montanum*) auch zu einer einjährigen Kulturpflanze. Zu den Primitivformen des Roggen zählt die botanische Varietät *multicaule*, besser bekannt als Waldstaudenkorn, fälschlicherweise oft als Ur-Roggen bezeichnet. Waldstaudenkorn war früher in Mitteleuropa weit verbreitet und ist unter verschiedenen Namen bekannt (z. B. Wallachischer Roggen, Marienroggen, Johannisroggen). Die häufig praktizierte Aussaat auf Waldlichtungen im Juni/Juli als Wildäsungspflanze gab dem Roggen die bei uns geläufigen Namen. Vielfach wird Waldstaudenkorn zweijährig genutzt: als Sommerung dient er zur Futternutzung oder als Deckfrucht in Leguminosen-Gräser-Mischungen. Nach dem Über-

Ungewohnt und dennoch natürliche Diversität: durch unterschiedliche Pigmente in der Samenschale ergeben sich verschieden gefärbte Weizenkörner. Weisskörnige Samen besitzen kaum Pigmente und ergeben auch bei Verwendung von Vollkornmehl helles Gebäck. Rotkörnige Samen kommen bei den meisten heimischen Weizensorten vor – bei ihrer Vermahlung entsteht helles, weißes Mehl und braune Kleie. Blaukörnige Samen werden durch Anthocyane in der Aleuronschicht (Trennschicht zwischen Mehlkörper und Samenschale) verursacht. Die dafür verantwortlichen Gene wurden aus Wildeinkorn und Quecken in Weichweizen eingekreuzt. Eine kommerzielle Sorte von Blaukornweizen ist derzeit nicht am Markt. Beim Purpurweizen wiederum werden die Anthocyane in der Samenschale ausgebildet, je nach Genetik und Witterung variiert die Färbung von leicht bis tief violett. Vollkornprodukte aus Purpurweizen zeigen eine intensiv dunkle Krumenfarbe und werden mit dem Hinweis auf die antioxidative Wirkung der Anthocyane beworben. Die für die violette Samenfarbe verantwortlichen Gene wurden aus äthiopischen Hartweizen-Landsorten in moderne Weichweizensorten eingekreuzt.
Foto: H. Grausgruber

winterns wird er zur Körnerproduktion und zur Herstellung von Lebensmittel verwendet. Aufgrund seiner Anspruchslosigkeit an Nährstoffe und Boden wird dieser Roggentyp oft in Saatgutmischungen für Rekultivierungsflächen verwendet. Die Erträge sind deutlich niedriger als bei modernen Roggensorten, die Körner sind kleiner und dunkler gefärbt.

Produktion und Ernährung

Alten Getreidearten bzw. -sorten wird vielfach das Etikett eines gesünderen, wertvolleren Lebensmittels umgehängt. Oft liegen solchen Behauptungen jedoch keine Untersuchungen von Inhaltsstoffen oder medizinische Interventionsstudien zugrunde. Es gilt einfach: Alles was alt ist, muss auch gesünder sein. Tatsächlich besitzen alte Sorten oft interessante Qualitätseigenschaften, die es wert sind wiederentdeckt zu werden. Ein Wundergetreide darunter gibt es allerdings nicht.

Für den Landwirt stellen alte Sorten eine große Herausforderung dar. Die Erträge sind deutlich niedriger, die Wuchshöhe beträgt oft mehr als 1,5 m, wodurch sich Probleme mit der Standfestigkeit und der Erntbarkeit ergeben und die Krankheitsanfälligkeit gegenüber manchen Blattkrankheiten ist erhöht. Kein Wunder also, dass alte Sorten v. a. in der biologischen Landwirtschaft Anwendung finden, wo die Ertragsunterschiede zu modernen Sorten geringer ausfallen, die Standfestigkeit und Krankheitsanfälligkeit durch die natürliche Stickstoffdynamik eine geringere Rolle spielen, die Erhöhung der Biodiversität am Feld ein ideologisches Anliegen ist und wo nicht zuletzt das höhere Preisniveau für Lebensmittel von den Konsumenten durchaus akzeptiert wird.

Für den Konsumenten alter Sorten können sich interessante Geschmackserlebnisse ergeben. Kleinere Körner resultieren aus einem relativ höheren Anteil der Samenschale (Kleie) im Vollkornmehl. In der Samenschale sind neben Mineralstoffen, Vitaminen und Nahrungsfasern auch für Geruch und Geschmack verantwortliche Stoffe lokalisiert. Vollkorngebäck aus alten Sorten ist somit tatsächlich oft intensiver im Geschmack und reicher an Mineralstoffen. Tatsächlich konnte in Einkorn und Emmer eine höhere Konzentration einzelner Mineralstoffe unabhängig von der Korngröße nachgewiesen werden. Einkorn besitzt zudem eine im Vergleich zu anderen Getreidearten sehr hohe Konzentration an Lutein. Dieses Carotinoid ist für die Erhaltung der Sehkraft von essenzieller Bedeutung. Bei der Verarbeitung sollte allerdings berücksichtigt werden, dass durch hohe Temperaturen Lutein zerstört wird. Durch den höheren Proteingehalt vieler alter Sorten kommt es bei gleicher Tagesration zu einer absolut höheren Aufnahme an Aminosäuren. Einkorn, Emmer, Dinkel und Waldstaudenkorn sind vielfach auch Alternativen für Personen, die allergische Reaktionen gegenüber Weichweizen zeigen.

Für Zöliakiepatienten (Gluten-Unverträglichkeit) sind diese Getreidearten jedoch keinesfalls zu empfehlen – durch den höheren Proteingehalt kommt es sogar zu einer höheren Aufnahme an toxischen Kleberproteinen. Purpurweizen wiederum enthält Anthocyane, welche antioxidativ wirken und somit durchaus eine gesundheitsfördernde Wirkung haben können.

Weiterführende Literatur:

ABDEL-AAL E, WOOD P (EDS) (*2005*): Specialty grains for food and feed. American Association of Cereal Chemists, St. Paul, Minnesota.

DIAMOND J (*1997*): Arm und Reich. S. Fischer Verlag GmbH, Frankfurt.

LEV-YADUN S, GOPHER A, ABBO S (*2000*): The cradle of agriculture. Science 288, 1602-1603.

PADULOSI S, HAMMER K, HELLER J (EDS) (*1996*): Hulled wheats. International Plant Genetic Resources Institute, Rome.

SAMUEL D (*1996*): Archaeology of ancient Egyptian beer. Journal of the American Society of Brewing Chemists 54, 3-12.

SMITH BD (*1998*): The emergence of agriculture. Scientific American Library, WH Freeman & Co., New York.

Mais, Paradeiser, Paprika, Bohnen – Kulturpflanzen aus Amerika

Martina Kaller-Dietrich

Der weltweite Austausch von Kulturpflanzen ereignete sich lange vor der Eroberung Amerikas. Jared Diamond spricht in seinem Bestseller „Arm und Reich. Die Schicksale menschlicher Gesellschaften" von „Bauern-Power": Es waren über Jahrtausende hinweg Bäuerinnen und Bauern, die Wildpflanzen in Kultur genommen, und daraus Kultur- oder Nutzpflanzen gezogen hatten. Als nach 1492 der von Alfred Crosby als Clombian Exchange bezeichnete Austausch von Nahrungspflanzen und domestizierten Tieren einsetzte, traten die erfolgreichen Züchtungen von Kulturpflanzen aus Amerika in den globalen, landwirtschaftlichen Austausch- und Anpassungsprozess ein. Die Amerikaner unter den so genannten Weltwirtschaftspflanzen sind Mais und Kartoffeln, Paradeiser, Paprika und Fisolen.

Allen voran steht der Mais als Hauptdarsteller in einer jahrtausende alten Geschichte der Inkulturnahme von Wildpflanzen, ohne welche die altamerikanischen Zivilisationen nicht entstanden wären. In Mittelamerika konnte sich eine auf Landwirtschaft basierende Zivilisation verankern. Mittelamerika ist auch das Ursprungsgebiet der am häufigsten vorkommenden amerikanischen Speisepflanzen. Von dort hatten sie sich lange vor der Invasion der Europäer nach Süd- und Nordamerika ausgebreitet. Mit seinem Pflanzenreichtum steht Mexiko im Mittelpunkt des kulinarischen Interesses an der Neuen Welt.

Im vorspanischen Mittelamerika bildeten Mais (*centli*), Bohnen (*etl*), Tomaten (*tomatl*), Kürbis (*ayotli*) und Chili (*chilli*) die Grundlage der meisten Gerichte. Diese Pflanzen gediehen in Mischkultur: An der schnell wachsenden Maispflanze rankten sich Bohnen hoch. Tomaten und Chilisträucher fanden dazwischen Schutz und Halt. Der Bodenerosion beugten die kräftigen Ranken der Kürbisse vor, die auch verhinderten, dass die kräftige Maiswurzel aus dem Erdreich drang.

Kukuruz/Mais

Weltweit werden derzeit mehr als 700 Mio. Tonnen Mais geerntet. Die wichtigsten Anbauländer sind die USA und China. Mais ist neben Weizen und Reis die

Bunter Mais
Foto: Archiv Landesmuseum Niederösterreich

wichtigste Getreideart. Allerdings findet Mais wesentlich häufiger als Futtermittel in der Masttierzucht und als Rohstoff für Agro-Sprit Verwendung, als dass

Schwarzer Paprika aus Russland
Foto: Arche Noah

er von Menschen verspeist werden würde. Dies liegt technisch gesehen daran, dass Mais wie Zuckerrohr und Hirse zu den so genannten Hochleistungspflanzen zählt. Sie sind in der Lage, besonders viel Kohlendioxid in Kohlehydrate umzuwandeln. Ferner ist der Mais klimatisch und was die Höhenlage des Anbaugebiets betrifft, enorm anpassungsfähig.

Dies erklärt auch seine rasante Verbreitungsgeschichte nach 1492, dem Jahr der europäischen Entdeckung Amerikas. Der Ersttransfer fand bereits auf der Rückfahrt des Kolumbus nach Europa, im April 1493, statt. Der Verfasser der Geschichte der Entdeckungsreisen des Kolumbus, Peter Martyr, pflanzte einige Maiskörner und hinterließ in *De orbe novo* (viele Auflagen seit 1516) die erste Beschreibung des Mais. Damit bürgerte er auch den karibischen Arawak-Namen „maiz" ein. Diesen übernahm zweihundert Jahre später Carl Linné in seine systematische Botanik.

Mit der portugiesischen Expansion in Richtung Osten tauchte der Mais in nicht einmal einem halben Jahrhundert nach seiner ersten Registrierung durch Europäer in Indien und China auf. Ende des 16. Jahrhunderts berichteten Reisende von Maisplantagen in Kleinasien. Von dort drang der Maisanbau bis ins 17. Jahrhundert nach Zentraleuropa vor. Deshalb wurde der Mais in Italien als „grano turco" und im Deutschen als „türkisches Korn" bezeichnet. Diese unterschiedlichen Rückschlüsse zu dessen Herkunft leiten ebenso in die Irre, wie der in Österreich gebräuchliche, aus dem Serbischen entlehnte Begriff „Kukuruz", der die gleiche Verbreitungsgeschichte des Mais vom Südosten in den Westen Europas dokumentiert. Im 17. Jahrhundert hatte der Mais in Westeuropa den Hirsekonsum verdrängt. Von der Hirse übernahm er im Französischen bis zum Ende des 18. Jahrhunderts den Namen „millet". Erst nach der Französischen Revolution tauchte in französischen Marktberichten der Name „mais" auf. Die heute beliebteste Form des Maiskonsums – der Zuckermais – wurde von den indigenen BewohnerInnen jenseits der Appalachen entwickelt und angebaut. Die europäischen Siedler entdeckten ihn erst 1799. Nach dem Bürgerkrieg nahm sein Anbau explosionsartig zu. Seit den 1940er Jahren stellt er die begehrteste und meistverkaufte Konserve der USA dar.

Das Ursprungsgebiet der Maispflanze liegt im Süden Mexikos. Dort finden sich die ältesten Reste dieser Kulturpflanze. Mexiko ist auch das Zentrum mit der höchsten Dichte an Mais-Sorten. Die erstaunlichste Eigenschaft der Maispflanze ist, dass es sich um das einzige Getreide handelt, das sich ohne menschliche Hilfe nicht fortpflanzen

Teosinte, der Urahn des Maises
Foto: Museo Etnobotánico de Oaxaca, México

kann. Würde der Mensch nicht die wachsartigen Lischblätter vom Kolben dieser einjährigen Kulturpflanze entfernen, könnten die Samen, also die Maiskörner, nie den Boden berühren und wieder keimen. Diese Eigenschaft lässt Rückschlüsse auf unterschiedliche Etappen bei der Inkulturnahme des Mais zu.

Molekulargenetische Untersuchungen haben ergeben, dass alle Abstammungslinien des Mais auf eine Stammform des Teosinte-Grases zurückgehen. Die frühesten fossilen Maisreste, die in den Guilá-Naquitz-Höhlen bei Oaxaca im Süden Mexikos gefunden wurden, sind etwa 6 250 Jahre alt. Ob Teosinte vor der Domestizierung von der indigenen Bevölkerung als Lebensmittel benutzt wurde, ist nicht bekannt. Die bisher ältesten gefundenen Kolben waren nur ca. zwei Zentimeter groß. Vor ca. 5 000 Jahren erreichten sie eine Größe von sieben Zentimetern und im Jahre 1500 nach Christus waren sie bereits auf das fünfzigfache Volumen der Ursprungsform angewachsen.

Der Mais entwickelte sich über die Jahrtausende zum wichtigsten Getreide der Neuen Welt. Den Altamerikanern hatte er als Grundnahrungsmittel gedient und galt ihnen als heilig. Ein Geschenk der Götter war er und das eigentliche Lebensmittel. Während in der biblischen Erzählung Gott die Menschen aus Lehm schuf, berichten die altamerikanischen Mythen davon, dass die Götter die ersten Menschen aus Mais hergestellt hatten. Diese enge Verbindung zwischen den Maismenschen und ihrem Grundnahrungsmittel findet sich in vielen, vorwiegend bildlichen Darstellungen aus vorkolonialer Zeit.

Neben ihrer Verehrung ist der Mehrfachnutzen der Kulturpflanze Mais erstaunlich. In Mittelamerika werden die Maishaare (*espigas*) als Tee zubereitet, dem eine heilende Wirkung bei Infektionen der Harnwege oder Nierenbeschwerden zugeschrieben wird. Der entkörnte Maiskolben, *olote*, dient als Brennmaterial, Tierfutter, zur Herstellung von Werkzeugen, als Ersatz für Toilettenpapier und als Ausgangsprodukt für die Gewinnung eines explosiven Öls. Die grünen Blätter finden als Viehfutter und Dünger Verwendung. Die Maisstangen dienen als Baumaterial, als Dünger und zur Herstellung verschiedener Gebrauchsgegenstände. In die Blätter, die den Maiskolben umhüllen, *totomoxtle* genannt, werden Speisen eingewickelt. Die starken Wurzeln der Maisstangen verbleiben entweder zur Bodenverbesserung auf dem Feld oder werden als Brennmaterial verwertet. Auch der pechschwarze Pilz des Mais, der so genannte Maisbrand oder *huitlacoche* (= botan. *ustilago maydis*), wird gegessen und der Pilzbefall des Maiskolbens aus kulinarischen Gründen absichtlich herbeigeführt.

Geernteter Mais, Wien Erdberg um 1930
Foto: Archiv Landesmuseum Niederösterreich

Die häufigste Form der Maiszubereitung in Mexiko war und ist die Herstellung einer Art gedünsteter Knödel *tamales* und die Maisfladenbrote, *tortillas* genannt. Interessant ist, dass die Spanier zwar die Maispflanze nach Europa gebracht hatten, nicht aber die Zubereitungstechnik. Die Indianer Mittelamerikas verarbeiteten den Mais in einem Prozess, welcher heute noch mit einem Lehnwort aus der indianischen Nahuatl-Sprache als *nixtamalización* bezeichnet wird. Unter Zugabe von Kalk werden die hart getrockneten

Maiskörner eingeweicht und etwa zwei Stunden lang auf kleiner Flamme gekocht. Dies ermöglicht das mühelose Schälen der Maiskörner. Im Anschluss wurde der Mais am metate, einem flachen Mühlstein aus Basalt, zu einem vollkörnigen Teig gemahlen. Wie in den bekannten Fresken des mexikanischen Revolutionsmalers Diego Rivera zu sehen, wurden aus diesem Teig Tortillas geformt, die auf einer Tonplatte in heißem kurzen Feuer gebacken wurden.

Dieser Vorgang erfolgt heutzutage auf industriellen Tortilla-Backöfen, denn in Mexiko wird ein Essen ohne Mais-Tortilla aus nixtamlisiertem Maisteig als unvollständig empfunden. Erst 1937 konnte die ernährungswissenschaftliche Forschung klären, dass nur bei dieser vollwertigen Zubereitungsmethode des Maises das lebenswichtige Niacin aufgeschlossen wird. Damit war das Rätsel gelöst, warum die Europäer bei einseitigem Konsum von trocken gemahlenem Mais an der Mangelerkrankung Pellagra starben, während die indianische Bevölkerung Mittelamerikas, ebenfalls der gleichen, einseitigen Hungerkost ausgesetzt, nicht davon befallen wurde. Der Herstellungsprozess der *nixtamalizacion* rettete sie vor dieser Mangelerkrankung.

Bis zum heutigen Tage kennen die mexikanischen Bauern viele verschiedene Maissorten, und hunderte von Pflanzen, ihre Eigenschaften und die vielfältigen Zubereitungsformen.

Fisolen/Bohnen

Die amerikanischen Bohnen, die Garten-, Feuer- und Limabohnen, die botanisch alle Fisolen (*Phaesolus*-Arten) genannt werden, bereicherten in vorspanischen Zeiten die tägliche Kost in Mittelamerika. Heute wird in Mexiko die grüne Bohne oder frische Fisole, im Unterschied zu den Trockenbohnen, *ejote* genannt. Dieser Name erinnert an eine gemeinsame sprachliche Wurzel für Bohnen, die in der in Mittelamerika

Speckbohnen Foto: Arche Noah

Zucker-Wachtelbohnen Foto: Arche Noah

am weitesten verbreiteten indianischen Nahuatl-Sprache „etl" lautete. Aus den Tributlisten der Mexícas lassen sich Rückschlüsse auf den Variantenreichtum der Bohnen ziehen.

Die vielen lokalen Sorten und entsprechenden Bezeichnungen sind mit der Conquista zusammen mit den Wissensträgern ausgelöscht worden. Die spanischen Eroberer betrachteten die amerikanischen Bohnen als eine Unterart der ihnen bekannten *judías*. Das ist die spanische Bezeichnung für die in Europa bekannten Bohnensorten (Vigna-Arten), die in Österreich Saubohnen heißen.

Bunte Bohnenvielfalt
Foto: Archiv Landesmuseum Niederösterreich

Erst in den frühen italienischen Pflanzenbeschreibungen wurde der botanische Unterschied festgehalten und die amerikanischen Bohnen im Unterschied zu den Vigna-Bohnen als *fiesole* bezeichnet. Über diesen Umweg bildete sich der (neu-)spanische Begriff *frijol* heraus. Die indianische Bezeichnung für Bohne *cayó* geriet endgültig in Vergessenheit.

Diese Subsummierung, Reduktion, Umdeutung und Vereinheitlichung von Begriffen schuf auch Tatsachen auf den Tellern der Besiegten. Manch abwechslungsreiches vorkoloniales Kulturwissen und Praktiken der lokalen Saatgutentwicklung fielen mit der Vernichtung vieler amerikanischer Völker und deren Wissen dem Vergessen anheim. Diese Annahme liegt mit Blick auf die mittelamerikanische Bohnenvielfalt besonders nahe. Heute zählen BotanikerInnen in Mittelamerika ungefähr 470 verschiedene Bohnensorten und ordnen sie den verschiedenen geographischen und klimatischen Regionen Mittelamerikas zu. Nicht alle sind registriert, denn neben den verschiedenen Hybridsorten, Landsorten und deren unterschiedlichen Arten, gibt es viele Wildformen der Bohne. Auf die Märkte gelangen freilich meist die roten Kidney-Bohnen, die für den amerikanischen Norden typischen hellbraunen *frijoles bayos* und die im Süden Mittelamerikas üblichen schwarzen Bohnen *frijoles negros*. Zubereitet werden sie meistens als Eintöpfe, in denen die Zugabe von frischen Kräutern den saisonalen Geschmack variiert. Bekannt ist auch die frittierte Bohnenpaste, die es in der vorspanischen Zeit nicht gab, und sich erst im 19. Jahrhundert in das kulinarische Universum der mexikanischen Küche eingeschrieben hat.

In diesem Zusammenhang muss ein Charakteristikum der vorspanischen Küche erwähnt werden: Es wurde kein Fett zum Anbraten oder Frittieren etc. gebraucht. Schmalz und Butter gab es nicht, weil sich die Haustierhaltung in Amerika auf die Haltung von Geflügel und Meerschweinchen beschränkte. Und Öle wurden keine extrahiert, weil dies aufgrund der integralen Verarbeitung des Maiskorns, das bekanntlich eines der ölhaltigsten Getreide ist, bereits in den Gerichten aus Mais vorhanden war. Auch benutzten die Altamerikaner keine Küchengeräte aus Metall, sondern nur aus Ton, was ebenfalls das Anbraten und Frittieren von Speisen nicht erlaubte.

Paradeiser/Tomate

In viel bedeutenderem Ausmaß als die Bohne zählt heute die mittelamerikanische Tomate zu den Weltwirtschaftspflanzen. Ihr Aufstieg von der barocken Zierpflanze (dem Liebes- oder Paradiesapfel) zum unentbehrlichen Bestandteil von Pizza, Ketchup & Co geschah Jahrhunderte nach dem Ersttransfer von Amerika nach Europa – eigentlich Eurasien, denn botanisch und bis zu einem gewissen Grad auch kulinarisch muss Europa als westlicher Ausläufer der asiatischen Landmasse betrachtet werden. Zusammen mit

[1] Black Plum
[2] Green Zebra
[3] Gelbe Traube
[4] Enrollado Amarillo
[5] Reisetomate

Fotos: Arche Noah, F. Haindl

Mais und der Chilipflanze verbreitete sich die Tomate in Asien schnell und fand raschen Einzug in die weltoffenen Küchen Indiens und Chinas.

In Europa gibt es wenige Dokumente über den Gebrauch des Paradies-Apfels als Nahrungspflanze. Erst gegen Ende des 18. Jahrhunderts erfuhr der Anbau der Tomate als Nutzpflanze einen starken Impuls in Frankreich und im meridionalen Italien. Während die Tomate in Frankreich aber nur am Hof des Königs verzehrt wurde, fand sie in Folge einer Hungersnot in Neapel massive Verbreitung. Dies hatte sie auch der guten Lagerfähigkeit von gekochten Tomaten (Saucen) zuzuschreiben. Der Universalgelehrte Lazzaro Spallanzani zeichnete in seiner Studie Viaggi alle due Sicilie ed in alcune parti dell' Appenino (1792) als Erster die in Neapel entwickelten Konservierungstechniken für die Tomate auf. Damit begann der Einzug der Tomate in die kulinarischen Abhandlungen Europas. Dazu zählt das Buch „Cuoco Galante" („Der raffinierte Koch"), verfasst 1773 vom großen neapolitanischen Hofkoch Vincenzo Corrado. Darin finden sich bereits verschiedene Rezepte mit gefüllten und frittierten Tomaten.

Für die weltweite Verbreitung der an Tomaten orientierten süditalienischen Küche aber sorgte die italienische Masseneinwanderung in Nordamerika. Die bis Ende des 19. Jahrhunderts über 600.000 Einwanderer aus Italien in die USA hatten nicht vor zu bleiben. Sie versuchten als Saisonarbeiter ihren Jahreslohn in den aufstrebenden US-Industriebetrieben – zu denen auch die Nahrungsmittelindustrie zählte – aufzubessern. Entsprechend blieben sie unter sich und schufen in den Metropolen wie New York und San Francisco dichte Netzwerke, die es ihnen erlaubten, als Italiener in den USA italienisch zu leben und zu speisen. Weil viele Einwanderer die kulinarische Versorgung ihrer italienischen Schicksalsgefährten übernommen hatten, entwickelten sie mit der Zeit jene amerikanische Version der italienischen (eigentlich sizilianischen) Speisen, welche heute weltweit vertrieben wird. Diese italo-amerikanische Küche läutete den Siegeszug der Tomate ein.

In den USA gelang unter Rückgriff auf dieses italo-amerikanische Nahrungsdesign die industrielle Massenherstellung und Verbreitung von Fertiggerichten: Ob aus der Dose oder im Tiefkühlfach, der Fast-Food-Lebensstil ist ohne Tomate undenkbar: Spaghetti in Tomatensauce, Lasagne, Pizza – der amerikanisch-italienische „Red Sauce"-Stereotypus der Weltmarktstrukturküche machte die Tomate in der zweiten Hälfte des 20. Jahrhunderts zur zehntwichtigsten Nahrungspflanze der Welt. Das bedeutet, dass jährlich 90 Millionen Tonnen Tomaten auf drei Millionen Hektar Anbaufläche produziert werden (http://www.herret.at/wissen/tomaten/).

Paprika/Chili

Breyter Indianischer Pfeffer
Leonhart Fuchs 1543

Verschiedene Paprikasorten: [1] Chinesischer 5-färbiger [2] Wiener Calvill [3] Gelber Block [4] Bela Babura [5] Bulgarischer Paradeisfruchtiger Fotos: Arche Noah

Während die kommerzielle Ausbreitung der Tomate gut dokumentiert ist, gilt für den Chili oder Paprika das Gegenteil. Im 16. Jahrhundert wurde Chili in Afrika und Asien rasch in Kultur genommen. Damit machten sich die lokalen Küchen vom europäischen Wucherhandel mit indischem Pfeffer unabhängig. Dass dies so erfolgreich gelang, dürfte auch daran liegen, dass die Chili-Schote schon seit Jahrtausenden in Süd- und Mittelamerika in vielen Varianten gezüchtet worden war. Damit steht dieses Nachtschattengewächs in seiner Anpassungsfähigkeit seinen botanischen Verwandten, der Kartoffel und der Tomate, in nichts nach.

Weil es Chili (*Capsicum*) in so vielen verschiedenen Formen, Farben und Geschmäckern gibt, entstanden mit dieser leicht vermehrbaren Gartenpflanze Speisen in Asien und Afrika, die es ohne den Scharfmacher aus Mittelamerika nicht gäbe. Im Unterschied zu den mittelamerikanischen Verzehrgewohnheiten, bei denen Chili als Geschmack variierende Zutat zu warmen und kalten Saucen (*mullis*) gegessen wurde und wird, gelangen die Chilischoten in Asien oder Afrika meistens direkt in die Eintöpfe und an Fleisch- und Fischgerichte. Dasselbe gilt für eines der nordamerikanischen Alltagsgerichte: Chili con carne. Dieser mit Chili bereicherte Bohnen-Fleischeintopf begleitete die amerikanischen Siedler und Cowboys des 19. Jahrhunderts auf ihrem Weg in den Westen.

Der "spanische Pfeffer", eigentlich Paprika, fand als preiswerterer Pfefferersatz erst im 19. Jahrhundert seinen festen Platz im Welthandel mit Nahrungsmitteln, und eroberte sich derart einen fixen Platz auf den europäischen Tellern. Neben seinen aromatischen Vorzügen und seiner medizinischen Wirkung besitzt Paprika zwei zusätzliche Vorteile: Es gibt, wie bereits erwähnt, beeindruckend viele Geschmacksunterschiede, und die Schärfe von Chilisorten, die auf den Weltmarkt gelangen, wird auf eigens dafür erstellten Schärfeskalen definiert. Zweitens lässt er sich in getrocknetem Zustand weite Strecken transportieren, ohne seine Qualität einzubüßen. Das machte ihn mit der Zeit auch für den weltweiten Gewürzhandel interessant.

Als Vermittler zwischen der schnellen Inkulturnahme der amerikanischen Kulturpflanzen in Asien, und der langsameren Anpassung an die neuen Pflanzen in Europa fungierte das Osmanische Reich. Vermutlich kamen die Osmanen erstmals mit Paprika in Kontakt, als sie 1513 die portugiesischen Kolonien Ormuz in Persien belagerten. Von dort gelangte der amerikanische Chili auf seinem Jahrhunderte langen Weg als getrockneter (auch edelsüßer) Paprika über den Balkan nach Zentraleuropa und damit auch in die österreichisch-ungarische Küche. In der zweiten Hälfte des 20. Jahrhunderts und im Anschluss an diese kulinarische Anpassungsphase wurden die „süßen" spanischen Paprikas in Grün, Gelb und Rot auch in den Glashäusern Mitteleuropas heimisch. Ob im ungarischen Gulasch oder in den vielen verschiedenen Paella-Gerichten an der Mittelmeerküste Spaniens – ohne Paprika wäre Europas kulinarische Landschaft um vieles ärmer.

Weiterführende Literatur

Braudel, Fernand (*1985*): Der Alltag (= Sozialgeschichte des 15.-18. Jahrhunderts, Bd. 1). Dt. Kindler: München

Crosby, Alfred W. (*1972*): The Columbian Exchange: Biological and Cultural Consequences of 1492. Greenwood Press: Westport, Conn.

Davidson, Alan (*2006*): The Oxford Companion to Food. An Encyclopaedia of Ingredients, Dishes, History and Culture of Food. Oxford University Press (1st edition *1999*; 2nd edition *2006* ed. by Tom Jaine)

Diamond; Jared (*1998*): Arm und Reich. Die Schicksale menschlicher Gesellschaften. Fischer: Frankfurt am Main

Fernández-Armesto, Felipe (*2001*): Food: A History. London: Macmillan

Kaller-Dietrich, Martina (*2001*): Ernährung und Kolonialismus. In: Kaller-Dietrich, Martina/ Daniela Ingruber, Hg.: Mais - Geschichte und Nutzung einer Kulturpflanze (=Historische Sozialkunde/ Internationale Entwicklung 18). Wien/ Frankfurt am Main: Südwind/ Brandes & Apsel, 13-42

Katz, Solomon H./ Weaver, William Woys, Hg. (*2002*): Encyclopedia of Food and Culture. New York: Charles Scribner's Sons (= http://www.enotes.com/food-encyclopedia, Zugriff 2010-03-01)

Kiple, Kenneth F. (*2007*): A Movable Feast: Ten Millennia of Food Globalization. Cambridge University Press: Cambridge

Kiple, Kenneth F. /Coneè Ornelas, Kriemhild, Hg. (*2000*): The Cambridge World History of Food (=CWHF). Cambridge Univ. Press: Cambridge, 2 Bde.

Mann, Charles C. (*2005*): 1491 - New Revelations of the Americas before Columbus. Vintage: New York

Mintz, Sydney W. (*1992*): Die Zusammensetzung der Speise in frühen Agrargesellschaften. Versuch einer Konzeptualisierung. In: Martin Schaffner, Hg.: Brot, Brei und was dazu gehört. Chronos Verlag, Zürich, 13-28

Pilcher, Jeffrey M. (*2006*): Nahrung und Ernährung in der Menschheitsgeschichte. Magnus Verlag, Essen

Wolf, Eric R. (*1986*): Die Völker ohne Geschichte. Europa und die andere Welt seit 1400. Frankfurt am Main/ New York, Campus

Kulturpflanzenvielfalt und Strukturwandel in Niederösterreich und anderswo

Irmi Salzer

Kulturpflanzen sind seit Jahrtausenden die Grundlage der menschlichen Ernährung. Ihr Arten- und Sortenreichtum – ihre Vielfalt – entstand mithilfe der Auswahl-, Züchtungs- und Vermehrungsarbeit von Bauern und Bäuerinnen weltweit. Durch den Vormarsch der industrialisierten Landwirtschaft wird dieser Reichtum in zunehmendem Ausmaß bedroht. Doch nach wie vor kultivieren Bauern und Bäuerinnen (und GärtnerInnen) global betrachtet mindestens 5.000 Arten und Abermillionen von Kulturpflanzensorten.

Die Bedeutung dieser genetischen und kulturellen Vielfalt kann angesichts immer dringlicher werdender Herausforderungen nicht hoch genug eingeschätzt werden. Niemand weiß, ob angesichts der Erderwärmung, infolge von Dürren und anderen Wetterkatastrophen die so genannten „main crops" (Weizen, Mais, Reis, Soja und Baumwolle) noch überall dort gedeihen werden, wo sie jetzt wachsen. Das bedeutet, dass wir wieder auf jene Vielfalt zurückgreifen werden müssen, die die bäuerliche Bevölkerung weltweit über Jahrhunderte hinweg kultiviert und bewahrt hat. Ein möglichst großer Genpool ist die Voraussetzung für die Anpassung der Kulturpflanzen an sich rasant wandelnde Bedingungen.

Die industrialisierte Landwirtschaft indes hat sich auf eine Handvoll von Kulturen konzentriert, von denen nur drei, nämlich Reis, Weizen und Mais, mehr als die Hälfte des weltweiten Nahrungsbedarfs abdecken. Auch in Niederösterreich spielen einige wenige Feldfrüchte eine herausragende Rolle. Ein Viertel der etwa 700.000 Hektar Ackerland wird mit Winterweizen bestellt, auf weiteren 35 % wachsen Roggen, Gerste, Körnermais, Kartoffeln und Zuckerrüben. Selbstverständlich gedeihen daneben noch zahlreiche andere Kulturpflanzen – der Großteil der pflanzlichen Erzeugnisse wird jedoch aus relativ wenigen Kulturarten gewonnen. Fast zwei Drittel der nationalen Weizenproduktion stammen denn auch aus Niederösterreich, außerdem drei Viertel der Zuckerrüben und über 80 % der in Österreich kultivierten Kartoffeln.

Der Produktivitätsfortschritt – Fluch oder Segen?

Die Landwirtschaft in Nord- und Südamerika, in Europa und Australien konnte seit ungefähr 50 Jahren immense Produktivitätsfortschritte erzielen. Möglich wurde dies durch den Einsatz von fossiler Energie, durch die Mechanisierung der Landwirtschaft, durch

Rund ein Viertel der Ackerfläche Niederösterreichs wird mit Weizen bestellt; hier Grannenweizen
Foto: Agrarfoto.com

Bewässerung, den Gebrauch von Handelsdüngern und Pestiziden und vor allem auch die Verwendung von Hochleistungssorten. Weltweit stieg die Produktion der Landwirtschaft in den vergangenen 40 Jahren

▶▶▶▶ Die Industrialisierung der Landwirtschaft schreitet immer mehr voran
Foto: J. Wollwerth | Dreamstime.com

Die Maisanbauflächen nehmen ständig zu Foto: Agrarfoto.com

um etwa das Zweieinhalbfache. In Niederösterreich wurden Anfang der 50er Jahre noch durchschnittlich 1.600 kg Brotgetreide pro Hektar geerntet, bis heute haben sich diese Werte sogar verdreifacht.

Diese Ertragssteigerungen haben jedoch ihren Preis: 70 % der globalen Süßwasserentnahme gehen auf das Konto der Landwirtschaft. Böden verarmen oder versalzen, das Klima wird durch den CO_2-Ausstoß und Methan belastet. Auch in Bezug auf die Kulturpflanzenvielfalt sind die Folgen der Intensivierung der Landwirtschaft erschreckend: Der überwiegende Teil der noch zu Beginn des 20. Jahrhunderts kultivierten Arten und Sorten dürfte unwiederbringlich verloren gegangen sein.

Im Jahr 2008 wurde der Weltagrarbericht publiziert. Er wurde von mehreren hundert WissenschafterInnen und unter breiter Beteiligung von Regierungen und der Zivilgesellschaft erarbeitet. Der Bericht nennt einen wesentlichen Grund für die rasanten Verluste der Agrobiodiversität: Das Konzept, durch den Anbau in Monokulturen große Mengen an (auf dem Weltmarkt) handelbaren Agrarrohstoffen aus wenigen, standardisierten Hochleistungspflanzen zu gewinnen. Durch die solcherart erzielten Produktivitätsfortschritte glaubte man lange Jahre, den Lebensmittelbedarf der wachsenden Weltbevölkerung decken zu können. Die Menge an weltweit erzeugten Kalorien würde zurzeit auch bei weitem ausreichen, um die Ernährungssicherheit aller Menschen zu gewährleisten. Dennoch hungern mehr als eine Milliarde Menschen, 70 % von ihnen leben auf dem Land. Sie sind zum Großteil von lokaler Lebensmittelversorgung abhängig. Um den Hunger zu überwinden, kann es daher nicht ausreichen, große Mengen an Lebensmitteln in den Industrieländern und Gunstlagen zu erzeugen und sie dann in den globalen Süden zu exportieren. Im Gegenteil – der Export von subventionierten Nahrungsmitteln aus der EU und Nordamerika verschärft die Hungerproblematik, indem er die lokalen Märkte zerstört.

Kulturpflanzenvielfalt und Strukturwandel in Niederösterreich und anderswo

Ernährungssicherheit und Strukturwandel

Der Begriff Ernährungssicherheit bezieht sich auf die Menge an Nahrungsmitteln und Kalorien, die den Menschen eines Landes zur Verfügung stehen. Er sagt jedoch noch nichts darüber aus, wie und von wem diese Nahrungsmittel produziert werden, wer sie verteilt und konsumiert.

Eine Landwirtschaft, die auf riesigen Monokulturen und industrieller Massentierhaltung basiert, die Boden und Wasser belastet und das Klima schädigt, kann daher genauso Ernährungssicherheit gewährleisten wie eine nachhaltige, kreislaufbasierte und auf schonender Nutzung von Ressourcen aufbauende Form der Landbewirtschaftung.

Gemeinhin wird argumentiert, dass Ernährungssicherheit in Österreich und global nicht ohne den so genannten Strukturwandel der Landwirtschaft garantiert werden kann. Der Begriff Strukturwandel beschreibt den Prozess der Abnahme der Zahl der landwirtschaftlichen Betriebe bei gleichzeitiger Vergrößerung ihrer Fläche. In Niederösterreich liegt die durchschnittliche landwirtschaftlich genutzte Fläche derzeit bei etwa 27 Hektar. Seit den 1970er Jahren haben fast vier Fünftel aller Betriebe unter 5 Hektar ihre Pforten geschlossen. Gleichzeitig ist die Anzahl der Betriebe über 50 Hektar um das Zweieinhalbfache gestiegen. In Relation dazu: Ein kanadischer Landwirt bewirtschaftet im Durchschnitt 350 Hektar; ein Kleinstbauer aus Bangladesch einen halben Hektar.

Die rationalisierte und erdölbasierte Landwirtschaft kann mit der Arbeit von immer weniger Menschen immer mehr Nahrungsmittel erzeugen. Die derzeit wirtschaftenden niederösterreichischen Betriebe könnten mit ihren Produkten über 5 Millionen Menschen mit 3.000 kcal pro Tag versorgen – also um einiges mehr produzieren, als in Niederösterreich gebraucht wird. Vor 40 Jahren gab es noch ungefähr doppelt so viele Bauern und Bäuerinnen in Niederösterreich, sie produzierten aber weit weniger. So gesehen liegt der Schluss nahe, dass wir den Strukturwandel in Kauf nehmen müssen, wenn wir alle Menschen weltweit ernähren wollen.

Kleinstrukturierte Landwirtschaft existiert in Österreich noch in vielen Gebieten Foto: Agrarfoto.com

Wer ernährt die Welt jetzt?

In der Wissenschaft und der öffentlichen Meinung ist die Annahme weit verbreitet, dass die so genannte kleinbäuerliche Landwirtschaft die Welt nicht ernähren kann. Vergessen wird dabei oft die Tatsache, dass sie es in großen Teilen der Welt nach wie vor tut. 2,6 Milliarden Menschen leben hauptsächlich von der Landwirtschaft. 85 % der etwa 525 Millionen Bauernhöfe weltweit bewirtschaften weniger als zwei Hektar Land (der Löwenanteil dieser Höfe liegt übrigens in Asien). Die Bauern und Bäuerinnen auf diesen Klein- und Kleinstbetrieben bauen den größten Teil aller weltweit produzierten Lebensmittel an. Dabei soll gar nicht bestritten werden, dass die Produktivität der Landwirtschaft in vielen Regionen des globalen Südens gesteigert werden müsste. Doch dazu brauchen Kleinbetriebe Zugang zu Märkten, Transportmöglichkeiten, Wasser, Krediten und Saatgut und vor allem auch Aus- und Weiterbildungsangebote. Mit relativ geringem Aufwand, dem Einsatz von agroökologischen Methoden und dem Zugang zu geeignetem, regional angepasstem Saatgut könn(t)en enorme Produktivitätszuwächse erreicht werden.

Düngergaben steigern die Erträge, führen aber auch zu Umweltproblemen Foto: Agrarfoto.com

Nichts geht ohne Saatgut

Saatgut ist die Grundlage aller landwirtschaftlichen Vielfalt. Saatgut ist im Laufe von Jahrtausenden als Gemeingut entstanden. Es ist heute aber auch ein wichtiges Handelsgut, das zahlreichen Regulierungen auf nationaler wie internationaler Ebene unterliegt. Und nicht zuletzt ist Saatgut das Objekt der Begierde einiger weniger multinationaler Konzerne. Denn der Großteil des Saatguts, das in der industrialisierten, marktorientierten Landwirtschaft verwendet wird, muss teuer gekauft werden. Immer neue Hybridsorten mit noch besseren Eigenschaften werden in hochtechnisierten Labors entwickelt. Bauern und Bäuerinnen können weder Einfluss auf die gewünschten Sorteneigenschaften nehmen, noch dürfen sie Saatgut nachbauen. Für die meisten österreichischen LandwirtInnen ist Saatgut ein Betriebsmittel wie Handelsdünger oder der neue Traktor. In zahlreichen Ländern des globalen Südens jedoch ist Saatgut die Grundlage der Subsistenz der Bevölkerung. Seine Patentierung entzieht der bäuerlichen Bevölkerung ihre Produktionsgrundlagen.

Den multinationalen Konzernen genügt jedoch nicht nur die Kontrolle über das Saatgut. Sie betreiben die Patentierung von geistigem Eigentum (wie Züchtungsmethoden) und ziehen damit ein schwer durchschaubares Netz von internationalen Handels- und Lizenzsystemen auf. Dieser Handel mit geistigem Eigentum verstößt gegen die traditionellen bäuerlichen und indigenen Regeln der Weitergabe und Kontrolle ihres Wissens.

Vielfältig und produktiv – auf dem Weg zur Ernährungssouveränität

Es erscheint logisch, dass kleine Betriebe, deren Hauptaugenmerk auf ihrer Eigenversorgung liegt, eine möglichst große Vielfalt an Sorten und Arten kultivieren. Wenn irgendwie möglich, will niemand täglich nur Maisbrei essen. Auch die Hausgärtnerin in Niederösterreich kann in der Regel mit einer größeren Kulturpflanzenvielfalt aufwarten als die Erwerbsgärtnerei oder der Gemüsebaubetrieb im Marchfeld,

Hausgärten weisen oft eine große Vielfalt an Kulturpflanzen auf Foto: E. Steiner

die große Mengen an standardisierten Erzeugnissen auf den Markt bringen müssen. „Klein" bedeutet aber nicht immer automatisch vielfältig – auch Kleinstbetriebe können Monokulturen haben.

Verschiedene Studien zeigen, dass diversifizierte kleine Betriebe weitaus produktiver sind als große Farmen mit Monokulturen, ja dass sie sogar zwei- bis zehnmal mehr pro Flächeneinheit produzieren können. Industrialisierte Farmen mögen zwar höhere Hektarerträge an Weizen, Mais oder Soja abwerfen, ihr gesamter Ertrag pro Fläche ist jedoch geringer. Dies rührt daher, dass Kleinbauern und -bäuerinnen dazu tendieren, „das meiste aus ihrem Land zu machen", dass sie also Zwischen- und Mischkulturen anbauen, ihre Fruchtfolgen optimieren und jeden Winkel ausnützen.

Auch in Niederösterreich gibt es – trotz des jahrzehntelangen Strukturwandels – zahlreiche Regionen, in denen eine kleinstrukturierte Landwirtschaft vorherrscht, in denen also jeder Winkel ausgenützt wird. Bauern und Bäuerinnen, die nicht dem Zwang zum Größerwerden oder Aufhören nachgeben wollten, haben sich nach Alternativen umgesehen. Dadurch entstand eine Vielzahl von Initiativen, die auf regionale Wertschöpfung und die Erhaltung der Vielfalt bauen anstatt auf Export- und High-Input-Landwirtschaft. Derartige Initiativen können als Schritt in Richtung Ernährungssouveränität gesehen werden. Das Konzept der Ernährungssouveränität ist das Recht der Menschen und souveränen Staaten, ihre eigenen Landwirtschafts- und Ernährungspolitiken selbst zu bestimmen. Es beruht auf der Stärkung der regionalen Wertschöpfung, dem Zugang zu Land und Ressourcen und der Selbstverpflichtung der ProduzentInnen, gesunde und kulturell angepasste Lebensmittel unter sozial und ökologisch nachhaltigen Bedingungen zu produzieren.

Weiterführende Literatur

ZUKUNFTSSTIFTUNG LANDWIRTSCHAFT (HRSG.) (2009): Wege aus der Hungerkrise. Die Erkenntnisse des Weltagrarberichtes und seine Vorschläge für eine Landwirtschaft von morgen

AMT DER NÖ LANDESREGIERUNG. ABTEILUNG LANDWIRTSCHAFTSFÖRDERUNG (2008): Der Grüne Bericht. Bericht über die wirtschaftliche und soziale Lage der Land- und Forstwirtschaft in Niederösterreich.

ARCHE NOAH (HRSG.) (2003): Kulturpflanzenvielfalt. Entstehung & Gefährdung, Fallbeispiele aus Österreich. Eigenverlag, Schiltern

Alte Krautsorten in Niederösterreich: Geschichte eines unauffälligen Verschwindens

Michaela Arndorfer

Unter den in Niederösterreich verbreiteten Gemüsearten nahm Kraut eine besondere Stellung ein. Kein anderes Gemüse genoss quer durch alle Bevölkerungsschichten eine derartige Wertschätzung, in der Stadt ebenso wie am Land. Kraut war Grundnahrungsmittel.

Kraut ist ertragreich, gedeiht vorzüglich auch in kühlen, feuchtigkeitsbegünstigten Lagen, ist mehrere Monate lagerfähig und eignet sich für die Konservierung (Sauerkraut). Kraut ermöglicht Gemüseproduktion auch in Hochlagen, wo das Klima dem Gemüsebau enge Grenzen setzt. Während der Urbanisierung des 19. und frühen 20. Jahrhunderts stand mit dem Kraut außerdem ein kostengünstiges, nahrhaftes und gesundes Lebensmittel zur Verfügung.

Historisches zum Krautanbau in Niederösterreich

Die Nutzung von Kraut lässt sich in Niederösterreich bereits für das 14. Jahrhundert belegen. In Küchenamtsrechnungen des Stiftes Klosterneuburg findet es in mehreren Gerichten Erwähnung: „Chraut mit Wurst", „Potingchraut" (*Anm. d. A.: „Kübelkraut", „Sauerkraut"*), „Chraut mit allen" (*Anm. d. A.: „Kraut mit Aal"*).

Das Tullnerfeld entwickelte sich zu einer wichtigen Region des Krautanbaus. Um 1848 galt Kraut in den Orten Rust und Hasendorf als „alte, wichtige Einnahmequelle". Das Kraut wuchs hier „besonders schön und groß" und wurde „jährlich in Mengen nach Wien verführt und teuer verkauft".

Mit Pferdefuhrwerken lieferten die Bauern ihr Produkt auf Märkte, an Verarbeitungsbetriebe und an Privatkunden. Die Blütezeit des Krautanbaus dürfte sich im Tullnerfeld zwischen 1850 und 1950 erstreckt haben. Anbauzentrum war der mit fruchtbaren Böden ausgestattete südliche Teil des Tullnerfeldes zwischen Rust und Judenau. Kraut prägte das Image der Region: Tulln galt als „Krautstadt", der Tullnerfelder als „Krautschädl".

Eine weitere wichtige Anbauregion in Niederösterreich lag im südlichen Wiener Becken. Um 1830 ist der Krautanbau in Velm belegt. Die hiesigen Bauern verdienten gutes Geld angesichts ständig steigender Nachfrage. Absatzorte waren Wien und Mödling. Ab 1939 wurde die Gemüseübernahme und auch die Sauerkrautverarbeitung in der Landwirtschaftlichen Genossenschaft Gramatneusiedl zentral organisiert. Um 1970 kam der Krautanbau in diesem Gebiet je-

Krauternte im Tullner Feld Foto: BMLFUW/R. Newman

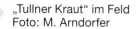

„Tullner Kraut" im Feld
Foto: M. Arndorfer

Alte Krautsorten in Niederösterreich: Geschichte eines unauffälligen Verschwindens

„Tullner Kraut" erreicht einen Durchmesser von 50 cm bei einem Kopfgewicht von 10 bis 15 kg
Foto: M. Arndorfer

Schnitt durch Krauthäupel: kompakte, Lagersorte (oben); lockeres „Tullner Kraut" für Sauerkrauterzeugung (unten)
Fotos: Arche Noah

doch zum Erliegen. Der Schwerpunkt verlagerte sich nun in die weiter südlich liegenden Orte Reisenberg und Seibersdorf, wo bis heute Kraut in größerem Umfang angebaut wird.

Lokale Krautsorten

Unser heutiges Wissen über heimische „alte Gemüsesorten" beschränkt sich auf bruchstückhaft Überliefertes. Nur wenige Sorten konnten auch physisch, als Saatgut in Genbanken oder durch regelmäßigen Anbau, überdauern. In der bäuerlichen, auf Selbstversorgung ausgerichteten Landwirtschaft kam die Autarkie gerade auch in der Verwendung eigenen Saatgutes zum Ausdruck.

Saatgut ist die Grundlage jeder Pflanzenproduktion. Saatgutproduktion gehörte zum Handwerk des Landwirtes. Genauer gesagt: der Landwirtin. Denn besonders das Gemüse erfordert zur Samengewinnung spezielle Verfahren, die über den herkömmlichen Anbau hinausgehen.

Aus der landwirtschaftlichen Literatur um 1917 bekommen wir ein paar Hinweise, welche Landsorten bekannt waren. Es handelte sich durchwegs um Weißkraut für die Produktion von Sauerkraut. Das „Tullner Kraut" und „Moosbrunner Kraut" (Anm. d. A.: synonym zu „Seibersdorfer Kraut"?) waren ein Begriff. Darüber hinaus aber auch noch das „Wagramer" und „Wiener" sowie das „Mödritzer", ein Kraut aus dem Brünner Raum, und das „Tasswitzer", eine Sorte aus dem Grenzgebiet nahe Znaim/Znojmo. Darüber hinaus gab es Handelssorten, die vorwiegend aus Deutschland und den Niederlanden stammten wie „Erfurter", „Glückstädter", „Ruhm von Enkhuizen", „Amager" und „Braunschweiger".

Von den erwähnten Landsorten befinden sich heute nur mehr die Sorten „Tullner" (oder „Tullnerfelder") und „Seibersdorfer" im Anbau, wobei ihr flächenmäßiger Anteil in den letzten Jahrzehnten stark geschrumpft ist. Beide Sorten sind auf wenige Betriebe beschränkt. Das „Tullner Kraut" wird noch von drei Betrieben auf 1 ha, das „Seibersdorfer" von drei Betrieben auf 2 ha Gesamtfläche kultiviert.

Es fällt auf, dass viele Betriebe bis in die 1970er Jahre fast ausschließlich ihre eigene Sorte kultivierten. Handelssorten gewannen erst an Bedeutung, als der Strukturwandel Anpassungen notwendig machte. Die Umstellung von der Belieferung kleingewerblicher Abnehmer hin zu Industrie und Großhandel, brachte einen Rationalisierungsschub mit sich, der bis auf die Sortenebene wirkte. Landsorten haben diesbezüglich eine Reihe von Nachteilen: Mechanisierte Ernteverfahren beschädigen die Krautköpfe und machen sie unbrauchbar. Die unregelmäßigen und langen Krautstrünke sind ein Ärgernis beim automatisierten Ausschneiden des Strunkes. Die Pflanzenbestände reifen nur nach und nach und müssen über einen Zeitraum von 2 Monaten mehrmals durchgeerntet werden. Die Krautköpfe sind insgesamt zu groß (bis 50 cm Durchmesser!) und zu locker. Der Hektarertrag liegt für das „Seibersdorfer Kraut" mit 60 Tonnen deutlich unter jenen Zuchtsorten mit 100 bis 120 Tonnen. Der größere Aufwand – vor allem bei der manuellen Erntearbeit – und die geringeren Erträge können nur bedingt durch höhere Preise wettgemacht werden.

Andererseits: Wo Landsorten gegenüber modernen Sorten schlecht abschneiden, liegen zugleich auch ihre Stärken. Bei der Sauerkrauterzeugung, dem „Einschneiden", bedingt die Größe der Köpfe und Blätter einen „langen, fädigen Schnitt". Eine Eigenschaft, die vor allem bei offenem Fasskraut gefragt ist. Die Konsistenz des Krautes ist weich und fein im Biss, was ursächlich auf die geringere Blattfestigkeit der Sorten zurückzuführen ist. Die Heterogenität der Sorten ist auf die hohe genetische Variabilität zurückzuführen, in der ein Potenzial zur Anpassung an sich ändernde Umweltbedingungen schlummert.

Dank etablierter Kundenbeziehungen zwischen den Bauern, den „Kreidlan" oder „Sauakreidlan" (Anm. d. A.: „Kräutlern", „Sauerkräutlern", kleingewerbliche Sauergemüsehersteller) und den Privatkunden, hat sich der Anbau der Kraut-Landsorten bis heute aufrecht erhalten. Allerdings mit zuletzt stark sinkender Tendenz, denn die traditionellen Kunden- und Lieferantenbeziehungen sind sehr generationsgebunden. Vorübergehend sorgten südosteuropäische Zuwanderer für einen Nachfrageschub nach dem Kraut.

Ein Phänomen, das sich sowohl im Tullnerfeld und Seibersdorf als auch in anderen Teilen Österreichs (z. B. Salzburg) zeigte. Die neuen Kunden entdeckten die österreichischen Lokalsorten als Rohstoff für die Erzeugung von Sarma-Kraut. Für Sarma werden die Krautköpfe im Ganzen eingesalzen und sauer vergoren. Mit den würzigen Krautblättern werden Krautrouladen zubereitet.

Für die österreichischen Sauerkräutler war die Herstellung von Sarma-Kraut eine Neuigkeit, mit der sie sich erst vertraut machen mussten. Wirft man jedoch einen Blick auf die österreichische Volkskunde, trifft man auf einen alten Brauch, der der Sarma-Produktion verwandt ist.

Ein ungewohnter Anblick: Kraut als blühende und fruchtende Pflanze im zweiten Kulturjahr zur Gewinnung von Saatgut
Foto: Arche Noah

Überbrühte Krautköpfe werden zum Abtrocknen aufgelegt, bevor sie in die Krautgrube geschlichtet werden. Der Einstieg zur Krautgrube ist überdacht. Im Bildhintergrund links der dampfende Krautkessel
Foto: W. Froihofer

Die Krautgrube war bis zu 4 Meter tief in den Boden eingelassen. In früherer Zeit wurden die Wände mit Föhren- oder Lärchenbrettern ausgekleidet
Foto: W. Froihofer

Das Grubenkraut

Bis zu Beginn des 20. Jahrhunderts praktizierten Bauern des Waldviertels und der Buckligen Welt eine sehr spezielle Form der Krautkonservierung: das Grubenkraut. In Erdschächten mit 3 bis 4 Metern Tiefe und 1 Meter Breite wurden Krautköpfe geschlichtet und der milchsauren Gärung überlassen. Vor dem Einlagern musste das Kraut mit heißem Wasser überbrüht werden. Ein Vorgang, der „Breinnan" genannt wurde und in Krautkesseln an Kochstellen in der Nähe der Krautgrube durchgeführt wurde. Zum Einlegen des Krautes musste man über eine Leiter in die Grube steigen und die Krautköpfe Schicht für Schicht anordnen und einstampfen. Zuoberst kamen eine dicke Lage Stroh, ein Holzdeckel und ausreichend Steine zum Beschweren. Nach einigen Monaten war die Fermentation abgeschlossen. Das Kraut konnte entnommen werden. Grubenkraut war über viele Jahre haltbar. Wenn die Vorräte des Sauerkrauts im Frühjahr aufgebraucht waren, kam das Grubenkraut auf den Tisch. Auch im Sommer wurde darauf zurückgegriffen, da die Ernte und andere Arbeiten am Bauernhof für genug Auslastung sorgten und wenig Zeit für den Gemüsebau blieb.

Eine Initiative des Vereins „Slow Food" reaktiviert seit kurzem die alte Methode des Grubenkrauts. Für diesen Zweck wird auch mit Krautsorten experimentiert. Landsorten eignen sich grundsätzlich gut für die Vergärung in Gruben. Es zeigt sich allerdings, dass es einen Mangel an Sorten gibt, die für den Anbau in Hochlagen geeignet sind. Aus den primär auf Selbstversorgung ausgerichteten Krautanbaugebieten sind nur sehr wenige Sorten erhalten, weil eine rechtzeitige Sammlung von im Verschwinden begriffenen Sorten nicht stattgefunden hat.

Wiener Breindl und Wiener Dauerrot. Zwei erhaltenswerte Krautsorten, beide Züchtungen der Fa. Austrosaat
Fotos: Arche Noah

Weiterführende Literatur

Karl Kramler (*1931*): Grubenkraut und Saumoasen. Das Waldviertel 8. S.15-17

Wilhelm Lauche (*1916*): Der Gemüsebau Österreichs in Beziehung zum Gemüsesamenbau verbunden mit einer gedrängten Darstellung der Samenzucht der wichtigsten Gemüsearten. Verlag Frick, Wien. 22 S.

Franz Maier-Bruck (*1983*): Vom Essen auf dem Lande. Das große Buch der österreichischen Bauernküche und Hausmannskost. Buchgemeinschaft Donauland, Wien.

Pflanzenbau in Niederösterreich

Ferdinand Lembacher

Niederösterreich ist nicht nur Österreichs größtes Bundesland, sondern verfügt auch über die mit Abstand größte landwirtschaftlich genutzte Fläche. Die Landwirtschaft in Niederösterreich muss dabei mit unterschiedlichsten geologischen und klimatischen Voraussetzungen zurechtkommen – vom pannonischen Klimaraum im Osten des Landes über das raue Klima der Böhmischen Masse im Waldviertel bis in den feuchteren Voralpenraum und ins Hochgebirge. Kaum jemand würde glauben, dass Niederösterreich das Bundesland mit der größten Zahl (2009: 14.261) an Bergbauern ist.

Niederösterreich kann sich mit Fug und Recht als die Kornkammer Österreichs bezeichnen. Bei den wichtigsten Getreidearten (Weizen, Gerste, Roggen) liegt der Flächen- und Produktionsanteil durchwegs deutlich über 50 %. Ein wesentlicher Teil davon kommt aus dem nordöstlichen Flach- und Hügelland, wo günstige Bodeneigenschaften und pannonisches Klima zusammentreffen. Das Klima ist gekennzeichnet durch kalte Winter sowie hohe Temperaturen und Trockenheit im Sommer. Trotz guter Speicherfähigkeit der Böden bedeutet dies hohe Anforderungen an die Landwirte. Jeder Bearbeitungsschritt muss auf seine Auswirkungen in Hinblick auf den Wassergehalt des Bodens überlegt werden. Gerade diese Witterungsverhältnisse sorgen aber dafür, dass niederösterreichisches Getreide besondere Qualitätseigenschaften aufweist, die auch international nachgefragt werden. Insofern ist es nicht verwunderlich, dass österreichischer Weizen zu wesentlichen Teilen exportiert wird und vor allem in der italienischen Teigwarenindustrie Absatz findet. So gibt es beispielsweise an der Börse in Bologna eine eigene Notierung für österreichischen Weizen.

Seit dem EU-Beitritt zeichnet sich ein Trend zur Ausdehnung der Weizenfläche ab. Die zunehmend extremer werdende Witterung mit langen Trockenphasen und extrem hohen Temperaturen schon im Frühling ist vor allem für Sommerungen, das sind jene Kulturen, die erst nach dem Winter ausgesät werden, besonders schwer zu verkraften. In diesem Zusammenhang sei vor allem die Gerste genannt. Steigen die Temperaturen schon bald nach dem Anbau auf sommerliches Niveau und bleiben Niederschläge in dieser Phase aus, reagiert sie mit besonders starken Ertrags- und teilweise auch Qualitätseinbußen. Aus diesem Grund und dem international vorgegebenen kaum kostende-

[1] Gerste [2] Weizen Fotos: Agrarfoto.com

ckenden Preisniveau haben die Bauern die Gerstenfläche in den letzten Jahren deutlich eingeschränkt. Winterungen, vor allem Weizen, verfügen durch die längere Vegetationszeit über ein leistungsfähigeres Wurzelsystem und können daher die vorhandene Winterfeuchte besser nutzen, sind ertragsstabiler und stellen für den Bauern ein geringeres Risiko dar.

Im Durchschnitt des letzten Jahrzehnts wurden in Niederösterreich rund 185.000 Hektar Weizen angebaut, das entspricht knapp über 60 % der gesamtös-

Keimende Gerste
Foto: Agrarfoto.com

terreichischen Weizenfläche. Zusätzlich wurden etwa 12.000 Hektar Durumweizen (75 %), 115.000 Hektar Gerste (60 %) und 32.000 Hektar Roggen (70 %) angebaut.

Die Anbauflächen einzelner Kulturen ändern sich aber nicht nur witterungsbedingt und folglich ertragsbedingt, die Landwirte müssen sich auch ökonomischen Zwängen in liberalisierten Agrarmärkten anpassen. Die Erzeugerpreise sind direkt vom internationalen Wettbewerb gekennzeichnet. Die Produktpreise, mit denen die Bauern letztendlich ihren Lebensunterhalt verdienen, unterliegen durch die Beseitigung gesetzlicher Marktordnung und Preisregelung immer stärkeren Schwankungen.

Das Beispiel Roggen zeigt dies sehr deutlich. Vor 40 Jahren war die Roggenfläche in Niederösterreich fast dreimal so groß wie heute. Die Konkurrenz von billigem Roggen aus anderen EU-Staaten (v. a. Polen, Ostdeutschland) hat viele Bauern auf alternative Früchte ausweichen lassen. Der relativ genügsame Roggen konzentriert sich heute im Wesentlichen auf das Waldviertel und auf Standorte, wo die Bodeneigenschaften einen Weizen- oder Maisanbau nicht zulassen.

Umgekehrt wird heute fast viermal soviel Körnermais angebaut als noch in den 60er Jahren. In dieser Entwicklung spiegelt sich der enorme Züchtungsfortschritt wieder, der beim Mais auch heute noch unverändert anhält. Zusätzlichen Auftrieb erhält der Maisanbau durch steigende Nachfrage. So wurden die Kapazitäten in der größten österreichischen Stärkefabrik in Aschach ausgebaut. In Pischelsdorf bei Tulln wurde eine Bioethanol-Anlage in Betrieb genommen und verarbeitet neben Weizen auch Mais. Im Raum Laa, wo die Firma Jungbunzlauer als Weltmarktführer Zitronensäure produziert, wurde in den letzten Jahren die Rohstoffbasis von Isoglukose aus der Zuckerindustrie ebenfalls auf Mais umgestellt. Die dargestellten Marktentwicklungen bedeuten große Nachfragebelebung für Mais in der Region. Diese guten Vermarktungsaussichten gepaart mit dem enormen Züchtungsfortschritt haben den Maisanbau im Norden und Osten Niederösterreichs deutlich gepusht. Mais ist im Hinblick auf die Trockenmasseproduktion die leistungsfähigste Kulturpflanze, die noch dazu den größten Züchtungsfortschritt aufweist. Es ist daher davon auszugehen, dass seine Bedeutung weiter zunehmen wird.

Produktion von Energie aus der Landwirtschaft

Seit einigen Jahren wird Getreide nicht nur für Lebens- und Futtermittel, sondern auch für die Erzeugung von sogenannten Biotreibstoffen (Ethanol) verwendet. In vielen Medien und öffentlichen Diskussionen wird diese Produktionsrichtung vor allem dann kritisiert, wenn die Erzeugerpreise zwischenzeitlich anziehen, wie zum Beispiel 2007 oder 2010. Was Kritiker oft vergessen, ist die Tatsache, dass bei der Produktion von Biotreibstoffen auch wertvolles Eiweißfutter anfällt und Österreich wie auch die ganze EU massiven Importbedarf an Eiweißfutter aufweist. Bisher wurde dieser Bedarf weitgehend durch Import von südamerikanischem Soja ausgeglichen. Die Nebenprodukte der Ethanolindustrie und der verstärkte Anbau von heimischen Öl- und Eiweißpflanzen sind unverzichtbare Beiträge, um einer autonomen Eiweißversorgung

Roggen Foto: Agrarfoto.com

näher zu kommen. Zudem wird meist vergessen zu erwähnen, dass auch in der oftmals verklärten Vergangenheit ein wesentlicher Teil der Produktion für den Antrieb der Zug- und Transportmittel (Ochs und Pferd) verwendet wurde.

Ackerbauern sind aus verschiedenen Gründen angehalten, mehrere verschiedene Kulturen auf ihrem Betrieb anzubauen und diese in einem sinnvollen Wechsel auf den einzelnen Flächen zu verteilen. Neben ökonomischen Gründen und gesetzlichen Auflagen gibt es eine ganze Reihe pflanzenbaulicher Argumente für die Einhaltung sinnvoller Fruchtfolgen (Krankheitsdruck, Humusbilanz, Nährstoffbilanz, Unkraut, Schädlinge etc.). Ziel sollte ein einigermaßen regelmäßiger Wechsel zwischen Sommerungen und Winterungen, humusmehrenden und humuszehrenden Früchten, Blatt- und Halmfrüchten sein. Aus den genannten Gründen gibt es neben Getreide eine ganze Reihe von anderen Pflanzen, wir sprechen oft von Alternativpflanzen, die zur Auflockerung der Fruchtfolge, aber auch zur Erhöhung der Rentabilität angebaut werden müssen. In Niederösterreich sind dies vor allem Raps (30.000 ha), Sonnenblume (20.000 ha) und in den letzten Jahren vermehrt auch Sojabohne. Die Entwicklung des Flächenausmaßes für einzelne Kulturen spiegelt meist ihre Wirtschaftlichkeit wider. So zeigt die Körnererbsenfläche nach Zuwächsen in den 80er und 90er Jahren des letzten Jahrhunderts seither deutlich fallende Tendenz. Relativ niedrige Erträge und Preisdruck lassen eine kostendeckende Produktion unter niederösterreichischen Bedingungen einfach nicht zu.

Erdäpfel und Rüben kommen aus Niederösterreich

Mit 17.500 Hektar liegen etwa 80 % der österreichischen Erdäpfelflächen in Niederösterreich, vor allem im Wald- und Weinviertel und im Marchfeld. Die größte Tradition hat der Anbau im Waldviertel. Durch den Siegeszug der Selbstbedienungsgeschäfte hat in den letzten Jahrzehnten die äußerlich feststellbare Qualitätsanmutung der Knollen deutlich an Bedeutung gewonnen. Obwohl diese keinen Einfluss auf Geschmack und Konsumwert der Knollen nimmt, hat die Speisekartoffelproduktion aus dem Waldviertel seither deutlich an Bedeutung verloren. Die Pflanz- und Stärkekartoffelproduktion ist aber nach wie vor hier konzentriert, weil sich die leichten, sandigen Böden besonders für den Kartoffelanbau eignen, wenngleich der hohe Steinanteil die Ernte erschwert. Speisekartoffeln werden heute vor allem im Weinviertel angebaut, wo der geringere Steinanteil die hohen äußeren Qualitätsanforderungen eher ermöglicht. Industriekartoffeln für die Produktion von Pommes werden primär im Marchfeld produziert.

Zuckerrübe Foto: F. Lembacher

Im Jahr 2009 wurden in Niederösterreich rund 33.600 Hektar Zuckerrüben von über 6.000 Betrieben angebaut und davon über 2 Millionen Tonnen Rüben geerntet. Diese Menge wird in 2 Fabriken in Tulln und Leopoldsdorf zu Zucker verarbeitet. Hauptkonkurrent für den europäischen Rübenzucker ist vor allem Rohrzucker aus Südamerika, der mit weniger Kapital und Arbeitsaufwand in Niedrigstlohnländern produziert werden kann. Um diese Nachteile auszugleichen und ein Marktgleichgewicht herzustellen, hat es lange Zeit eine ausgeklügelte Marktordnung für die Rübenproduktion in Europa gegeben, die durch Zölle sowie Import- bzw. Produktionsquoten einen Ausgleich geschaffen hat. In den letzen Jahren mussten diese Maßnahmen auf internationalen Druck (WTO) deutlich abgebaut und die Erzeugerpreise für die Bauern massiv gesenkt werden.

Land um Wien versorgt Österreich mit Gemüse

Laut Feldgemüsebauerhebung 2004 waren es ungefähr 750 Betriebe, die Gemüse anbauen, 5 Jahre zuvor waren es noch 905. Der Trend zu größeren Betriebseinheiten und Professionalisierung im Gemüsebau ist deutlich zu erkennen. Von den zirka 60 in NÖ angebauten Gemüsearten sind flächenmäßig die Zwiebel (2.200 Hektar), die Karotte (1.150 Hektar), die Grünerbse (1.500 Hektar), Spinat (450 Hektar), Grüne Bohne (400 Hektar), Kraut (380 Hektar) und Spargel (350 Hektar) am bedeutendsten. Der Bioanbau gewinnt bei einzelnen Gemüsearten (Zwiebel, Karotten) an Bedeutung. Grundvoraussetzung für eine moderne ertragssichere Produktion ist die Möglichkeit der Bewässerung. Überbetrieblicher Einsatz von teuren Spezialmaschinen ist im Gemüsebau unverzichtbar. Ca. 90 % des heimischen Gemüses wird in Niederösterreich nach den Grundsätzen der Integrierten Produktion angebaut.

	Österreich	NÖ
Industriekraut incl. Rotkraut	436	203
Frisch- und Lagerkraut	508	190
Kraut insgesamt	944	393
Blattsalate	1.607	187
Chinakohl	497	35
Spinat	429	400
Karotten, Möhren	1.534	1.200
Rote Rüben	207	105
Salatgurken (Freiland u.Gewächsh.)	182	24
Industriegurken	244	10
Paradeiser (Freiland u. Gewächsh.)	172	17
Paprika, Pfefferoni	163	11
Zwiebeln	2.647	2.420
Grünerbsen	2.107	2.100
Pflückbohnen	551	440
Spargel	480	305
Sellerie	298	170
Speisekürbis	264	130
sonstige Gemüsearten	3.009	854
Feldgemüse gesamt	15.335	8.801

Quelle: NÖ LK

Der Großteil der Handelsbetriebe vermarktet österr. Gemüse unter strengen Auflagen und Kontrollen unter dem Standard AMA GAP (AMA-Gütesiegel)

Zwiebeln Foto: Agrarfoto.com

Im gärtnerischen Gemüsebau im Unterglasbereich sind nach wie vor Paradeiser, Paprika und Gurke dominant. Mittlerweile werden diese Gemüsearten in Langzeitkultur (11 bis 12 Monate im Jahr) auf höchstem technischen Niveau geführt. Kulturbeginn ist Mitte Jänner, das Kulturende liegt im Dezember. Moderne Gewächshäuser werden mittlerweile fast ausschließlich in umweltschonenden geschlossenen Systemen geführt. Dabei wird für die Beheizung der Gewächshäuser zumeist Erdgas verwendet. Das bei der Verbrennung von Erdgas entstehende CO_2 wird zur Assimilations- und Effizienzsteigerung in die Gewächshäuser eingeblasen. Mit dieser Methode kann der Konsument nahezu das ganze Jahr hindurch heimisches Gemüse mit kurzen Transportwegen aus der Region genießen. Eine ebenso hochspezialisierte, äußert kapitalintensive wie umkämpfte Branche ist der Blumen- und Zierpflanzenbau sowie die Baumschulen.

Niederösterreichs Felder sind frei von Gentechnik

Gentechnik ist ein Verfahren zur gezielten Veränderung von Erbinformation in einem Organismus. Diese Technik wir zur Herstellung von Nahrungsmittelzusatzstoffen, in der Medizin, in vielen Teilen der Welt aber auch in der Pflanzenzüchtung eingesetzt.

In der Pflanzenzüchtung wird es mittels Gentechnik möglich, gezielt Eigenschaften in die Erbinformation von Pflanzen zu übertragen, die mit konventioneller Züchtung nicht oder nur mit deutlich größerem Zeitaufwand und Kosten erreicht werden können (z. B. Krankheitsresistenzen, Herbizidresistenzen, veränderte Inhaltsstoffe, Trockenresistenz …).

Weltweit werden rund 135 Mio Hektar gentechnisch veränderte Pflanzen angebaut. Das ist das Hundertfache der österreichischen Ackerfläche. Die jährlichen Steigerungen sind enorm.

In Österreich hingegen werden gentechnisch veränderte Pflanzen auf den Ackerflächen sowohl von den Konsumenten als auch den Landwirten abgelehnt. Aufgrund der kleinen Strukturen, der vielfältigen Fruchtfolgen und strengen Auflagen würden gentechnisch veränderte Pflanzen hierzulande auch nicht denselben ökonomischen Nutzen wie bei Monokulturen und extrem großen Strukturen in Übersee bringen. Zudem würde es bei einem Nebeneinander von Gentechnik und gentechnikfreier Produktion sowie Bio zu ungewollten Verunreinigungen kommen. In der kleinstrukturierten österreichischen Landwirtschaft wären die Kosten höher als mögliche Vorteile durch die Gentechnik.

Daher setzt die österreichische und niederösterreichische Landwirtschaft entgegen dem internationalen Trend auf Gentechnikfreiheit am Acker.

Gurken Foto: Agrarfoto.com

Biolandbau in Niederösterreich

Der Biolandbau hat hinsichtlich der Betriebszahlen und der biologisch bewirtschafteten Fläche in Niederösterreich – beginnend mit 1995 – eine kontinuierliche Aufwärtsentwicklung genommen. Mit 2010 werden in Summe 16 % der gesamten landwirtschaftlichen Nutzfläche Niederösterreichs biologisch bewirtschaftet.

Hat sich der Biolandbau anfangs noch stark grünlanddominiert dargestellt, haben sich die Flächenverhältnisse seit 2000 sukzessive gedreht und aktuell werden in Niederösterreich 97.000 ha Ackerfläche und 43.700 ha Grünlandfläche nach Biorichtlinien bewirtschaftet. Niederösterreichische Biobetriebe bewirtschaften damit 52 % der gesamten Bioackerfläche Österreichs.

Pflanzenbau in Niederösterreich

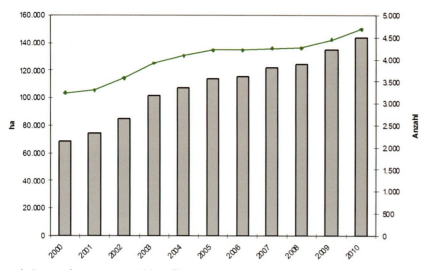

Anbauumfang ausgewählter Bioackerkulturen in Niederösterreich (Quelle: AMA, 2009)

Qualitätsweizen, Mahlroggen, Dinkel, Einkorn und andere werden sowohl für den heimischen Markt als auch für den Export produziert. 2009 wurden etwa 2.500 ha Erdäpfel biologisch produziert. Aufgrund der guten Nachfrage wird zunehmend mehr Biosoja für die Humanernährung angebaut. Auf knapp 800 ha werden Biozuckerrüben produziert – ein erster Schritt zur Versorgung des heimischen Marktes mit Biozucker. Traditionell werden in wechselndem Ausmaß auch Sonnenblumen für die Biospeiseölerzeugung, Druschgewürze (Kümmel, Koriander, Anis, …) und andere Sonderkulturen (Hirse, Mohn, Hanf, Lein) integriert. Um trotz Verzicht auf mineralische Stickstoffdünger ausreichend Nährstoffe in den Böden zu haben, kommt dem Anbau von Leguminosen (Luzerne, Klee, Erbsen u. a.) flächenmäßig große Bedeutung zu.

Weinbau

Niederösterreich ist mit 27.184 ha auch das mit Abstand bedeutendste Weinbauland; 60 % aller Rebflächen liegen in Niederösterreich. Auch im Weinbau ist der Trend zu größeren Betrieben deutlich erkennbar. Im letzten Jahrzehnt hat der Anteil der Rotweinflächen in Niederösterreich, wie auch in Österreich zugenommen. Nach wie vor liegt aber der Weißweinanteil in NÖ bei 75 %. Der Grüne Veltliner mit einem Flächenanteil von fast 60 % ist dabei nach wie vor des Niederösterreichers bevorzugte Weißweinsorte, der Blaue Zweigelt hat mit fast 50 % eine ähnliche Bedeutung beim Rotwein.

Der niederösterreichische Weinbau ist noch immer vergleichsweise kleinstrukturiert. Auch im Weinbau geht die Spezialisierung und Professionalisierung der Betriebe rasch voran. Die Produktion des niederösterreichischen Weines hat ein international be-

Niederösterreich	27.075 ha
Thermenregion	2.005 ha
Kremstal	2.387 ha
Kamptal	3.746 ha
Wagram	2.431 ha
Traisental	706 ha
Carnuntum	848 ha
Wachau	1.334 ha
Weinviertel	13.589 ha
übrige	27 ha

Quelle: Statistik Austria

achtetes Niveau erreicht. Im gleichen Ausmaß sind aber auch die Qualitätsansprüche der Konsumenten gestiegen. Mit der traditionellen Technik in Kleinbetrieben kann dieser Anspruch oft nur schwer erreicht werden. Teure Investitionen in moderne Weinbau- und Kellertechnik sind daher notwendig und von kleinen Betrieben oft nur schwer zu finanzieren.

Es zeichnet sich daher ein Trend zur Spezialisierung innnerhalb der Weinbranche ab. Genossenschaften, Handelsbetriebe, aber auch größere Weinbaubetriebe kaufen Trauben von kleineren Traubenproduzenten zu, um eigene Investitionen besser auszulasten und den wachsenden Lebensmittelhandel sowohl im Inland als auch im Ausland beliefern zu können.

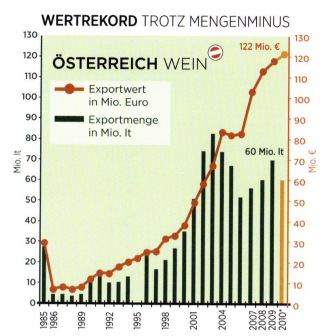

Quelle: Statistik Austria, *ÖVM Hochrechnung auf Basis I-IX 10 und X-XII 09, inkl. Interviews

Trotz internationaler Wirtschaftskrise ist es in den letzten Jahren gelungen, die niederösterreichischen Weinexporte mengenmäßig und wertmäßig zu steigern. Der jahrelang schrumpfende Ab-Hof-Verkauf konnte nunmehr bei einem Anteil von 30 % stabilisiert werden, der Anteil des Lebensmitteleinzelhandels hat dagegen zugenommen.

Obst

In Niederösterreich wird auf knapp 2.500 Hektar von 1.300 Bauern Obstbau betrieben. Hauptsächlich werden Äpfel, Birnen, Marillen, Zwetschken, Kirschen, Erdbeeren, Himbeeren und Ribisel im milden Klima des Weinviertels oder im Donauraum geerntet. Äpfel, als idealer und gesunder Energiebringer, können nahezu das gesamte Jahr über direkt beim Bauern bezogen werden. Saisonale Ereignisse wie die Marillenernte in der Wachau und auch im Weinviertel sowie die Erdbeerzeit mit einer großen Anzahl an Selbstpflückerfeldern werden für Konsumenten und Produzenten immer wichtiger. Die biologische Bewirtschaftung von Apfel- und Birnenkulturen hat sich in den letzten Jahren in Niederösterreich stark ausgedehnt, sodass unser Bundesland derzeit der größte Bioobstproduzent Österreichs ist.

Im Mostviertel und in der Buckligen Welt hat sich eine „Mostkultur" entwickelt, die den ausländischen Vorbildern um nichts nachsteht. Das niederösterreichische Mostviertel ist mit den angrenzenden Gebieten die größte Birnenstreuobstregion Europas. Obstwein, von unterschiedlichen Apfel- und Birnensorten gekeltert, sowie Fruchtsäfte, Destillate, Liköre, Marmeladen oder Trockenobst werden von landwirtschaftlichen Betrieben in hervorragender Qualität angeboten.

Das saisonale und regionale Angebot an frischem Obst sowie vom Bauern hergestellten Obstverarbeitungsprodukten hat durch kurze Transportwege positive Auswirkungen auf die Umwelt, die Bäume sind landschaftsprägend. Die Marillenblüte in der Wachau oder die Birnenblüte im Mostviertel ist Anlass und Auslöser für kulturelle und touristische Veranstaltungen mit hoher regionaler Wertschöpfung. Obst aus der Region weist einen hohen Vitamin- und Nährstoffgehalt auf und spielt für die Gesundheit der Bevölkerung eine unverzichtbare Rolle.

Mostäpfel Foto: Agrarfoto.com

Maulbeere, Krapp, Waid und Tabak – vergessene Kulturpflanzen in Niederösterreich

Erich Steiner

Das Spektrum und die Anzahl der in einer Region genutzten Pflanzen unterliegen einem ständigen Wandel. Neue, aus fernen Gebieten stammende Arten werden in Kultur genommen. Sie können dort bereits ansässige Formen verdrängen, sich entweder etablieren oder verschwinden nach einiger Zeit wieder. Manche Arten geraten ganz einfach in Vergessenheit oder erleben nach Jahrzehnten der Abwesenheit eine plötzliche Renaissance.

Die Ursachen für derartige Fluktuationen sind recht unterschiedlich. Neben gezielten Förderungsmaßnahmen können unterschiedlichste ökonomische Aspekte, politische Entscheidungen und Entwicklungen, aber auch Modetrends eine Rolle spielen. Das war auch in Niederösterreich nicht anders. Eine ganze Reihe einst wirtschaftlich bedeutender Pflanzen, deren Kultur mit großem Aufwand betrieben wurde, ist heute verschwunden. Nachstehender Beitrag soll das Schicksal einiger dieser Arten beleuchten.

Früchte des Maulbeerbaums
Foto: Wikimedia Commons

Maulbeere *Morus ssp.*

Die Maulbeere ist ein Holzgewächs, das ein Alter von 200 Jahren erreichen und als Strauch, Hecke, Halb- oder Hochstamm gezogen werden kann. In Europa wurden hauptsächlich drei Arten gepflanzt und zwar die aus Ostasien stammende Weiße Maulbeere (*Morus alba*), die Schwarze Maulbeere (*M. nigra*) aus Zentralasien und die Rote Maulbeere (*M. rubra*) aus Nordamerika.

Die brombeerähnlichen Früchte wurden zur Herstellung von Maulbeerwein verwendet. Die Blätter dienten zur Ernährung der Raupen des Maulbeerspinners (*Bombyx mori*), aus dessen Kokons Rohseide gewonnen werden kann.

Geschichte des Seidenbaus

In China wird die Maulbeere schon seit mehr als 5 000 Jahren als Futterpflanze für die Seidenraupe genutzt. Über Kleinasien kam sie ins antike Griechenland und nach Rom, wo die Beeren eine Delikatesse waren. Bereits im 14. Jahrhundert existierten im Mittelmeerraum Maulbeerpflanzungen zur Seidenproduktion, im 15. Jahrhundert wurden Venedig und Genua zu europäischen Seidenzentren.

Für Niederösterreich sind erste Versuche, Maulbeerpflanzungen als Voraussetzung für die Seidenproduktion anzulegen, aus dem 16. Jahrhundert bekannt. Am 10. Juni 1569 verlieh Maximilian II. dem kaiserlichen Diener und Musicus Franz Johann Rizzo für Niederösterreich ein für 6 Jahre gültiges Privi-

Getrocknete Tabakblätter werden abgenommen
Foto: JTI Tobacco Collection Vienna

Maulbeere, Krapp, Waid und Tabak – vergessene Kulturpflanzen in Niederösterreich

leg „die Seidenwürmer wie in Italien zu zügeln" und „etliche tausend weiße Maulbeerbäume ins Land zu bringen". In den Jahren 1612 und 1613 ließ Karl Fürst von Liechtenstein 6.151 Maulbeersetzlinge in seinem Herrschaftsgebiet verteilen, die aus den Früchten der in Eisgrub und Feldsberg schon vorhandenen Bäume gezogen worden waren. Er engagierte Arbeiter aus Italien, die sich nicht nur um die Maulbeerbäume kümmern, sondern auch seinen Untertanen Unterricht erteilen sollten. Im Liechtensteinschen Herrschaftsgebiet wurde zumindest bis ins Jahr 1684 Seide gesponnen. Ein weiterer Schwerpunkt der Seidenkultur in dieser Zeit entstand in Walpersdorf bei Herzogenburg, wo Georg Ludwig von Sinzendorf 1666 eine Seidenfabrik gegründet hatte, die während des Türkenkrieges 1683 ihren Betrieb einstellte.

Besonders intensiv betrieben wurde die Seidenraupenzucht in der Regierungszeit Maria Theresias, der die Seidenproduktion ein persönliches Anliegen war. Die ersten Baumpflanzungen in dieser Zeit gingen auf Privatinitiativen zurück, so etwa in Baden-Weikersdorf durch Karl Hieronymus von Doblhof. Die staatliche Förderung setzte 1749 ein. In Wien-Margareten wurde eine Maulbeerbaumschule angelegt, aus der Setzlinge unentgeltlich zur Verteilung gelangten (z. B. im Zeitraum 1749 bis 1754 260.046, vom Herbst 1756 bis zum Frühling 1757 89.353 Bäume). Ebenso wurden Samen (damit waren die Schmetterlingseier gemeint) verteilt, Mindestpreise für die Galetten (Kokons) festgesetzt und die Errichtung von Filatoren, die zum Abhaspeln und Verzwirnen der Rohseide notwendig waren, staatlicherseits unterstützt.

Landrevisoren wurden zur Überwachung und Förderung der Baumkulturen angestellt und ein Seidenmagazin, welches mit beträchtlichen Mitteln ausgestattet wurde, um etwaige Preisschwankungen abzufangen, gegründet. 1757 wurde die Beschädigung von Maulbeerbäumen unter strenge Strafen gesetzt. Trotz all dieser Maßnahmen scheint sich kein besonderer Erfolg eingestellt zu haben. Grundherren und Gemeinden wurden daher verpflichtet, Maulbeerbäume zu ziehen und zu pflanzen, die Klöster „zur rühmlichen Beispielsgebung" aufgefordert. Aber selbst solche

Abbildungen aus Wolf Helmhard von Hohbergs 1682 erschienener „Georgia Curiosa": Sammeln der Maulbeerbaumblätter (oben), Füttern der Raupen (Mitte), Einspinnen der Raupen in Kokons (unten) Fotos: IMAREAL/ P. Böttcher

Zwangsmaßnahmen führten nicht zum gewünschten Erfolg, die Kosten standen in keinem vertretbaren Verhältnis zum erzielten Ergebnis. Im März 1771 erging der kaiserliche Befehl „sich nicht weiter mit der Seidenraupenzucht aufzuhalten und keine Kosten zu verwenden". Allerdings setzte man keine drastischen Maßnahmen, sondern ließ – offensichtlich um das Gesicht zu wahren – die Förderungen langsam auslaufen.

Trotz dieser Rückschläge erlosch das Interesse an Seidenkultur nicht völlig, wie der Fortbestand zahlreicher kleiner Seidenzuchten und der 1785 an die niederösterreichische Regierung erteilte Auftrag, Nachrichten über den Stand der Kultur einzuziehen, zeigen. Diese Erhebung ergab für Niederösterreich einen Maulbeerbaumbestand von 17.344 Hochstämmen, 70.394 Spalierbäumen und 5.080 Setzlingen.

Die Kontinentalsperre (1806 – 1813) und der daraus resultierende Rohstoffmangel führten zu einem Umdenken der Behörden. Zwar wurden Gesuche um Förderung von Maulbeerpflanzungen zunächst mit dem Hinweis auf die Misserfolge in der theresianischen und josefinischen Zeit abgelehnt. Schließlich erhielten Josef Prey und Josef Tiefenbacher Kredite von 5.000 bzw. 2.000 Gulden für die Anlage ihrer Kulturen in Baumgarten bzw. im Liniengraben in Währing. Tatsächlich konnte Prey in seinem Betrieb, der zu einer Musterwerkstatt ausgebaut werden sollte, im ersten Jahr 509 Pfund Galetten gewinnen, woraus 50 Pfund reine Seide hergestellt wurde. Seine Anlage samt Plantagen wurde allerdings durch französische Soldaten 1809 verwüstet.

Erwähnenswert ist das Unternehmen des Grafen Alois Geniceo, der 1807 40.000 Maulbeerbäume und mehrere kundige Personen aus Tirol und Italien ins Land holte und in Jeutendorf bei St. Pölten einige Zeit mit Erfolg arbeitete. Ab 1811 existierte ein Seidenkulturbetrieb in Nexing, der bis 1835 tätig war. Am Kobenzl im Wienerwald wurde eine Plantage angelegt, die 1838 mehr als 205.000 Bäume umfasste.

Ein längerfristiger Erfolg war allerdings auch diesen und zahlreichen weiteren Unternehmen nicht beschieden. Die staatlichen Subventionen wurden abermals eingestellt, die Seidenkultur blieb in den folgenden Jahren privaten Initiativen überlassen.

Dass das Interesse aber weiterhin ungebrochen blieb, zeigen die zahlreichen „Anleitungen zur Seidenzucht", die vor allem in der ersten Hälfte des 19. Jahrhunderts erschienen sind. Erst ein tatkräftiges Zusammenwirken staatlicher und privater Stellen brachte in der zweiten Hälfte des 19. Jahrhunderts, wenn auch nur vorübergehenden, Erfolg. Mit einem Dekret

Seidenraupen bei der Nahrungsaufnahme
Foto: A. Kübelbeck

der N.Ö. Stadthalterei vom März 1854 wurden alle Bezirkshauptmannschaften aufgefordert, Maulbeerpflanzungen zu empfehlen und mit allen erdenklichen Mitteln zu fördern. 1855 wurde eine eigene Seidenbausektion innerhalb der k.k. Landwirtschaftsgesellschaft gegründet. Baumschulen wurden, so etwa im Wiener Wald, Bruck/Leitha oder Baden angelegt, und Propaganda im großen Stil betrieben. In Baden bei Wien wurde eine Musteranstalt für Seidenraupenzucht eingerichtet und sogar über die Einführung des Faches

Weißer Maulbeerbaum *Morus alba*
Foto: P. Busselen

Seidenkultur in Volksschulen nachgedacht. Der unglückliche Ausgang des österreichisch-sardinischen Krieges 1859, der mit der Abtretung der Lombardei den Verlust des besten Seidenproduktionsgebietes der Monarchie brachte, kurbelte die Aktivitäten ebenso an wie eine Anweisung von Kaiser Franz Josef vom 15. 10. 1866, worin die Regierung angehalten wird, der Seidenkultur besondere Sorgfalt angedeihen zu lassen. 1862 konnte man in Niederösterreich immerhin 5.400 kg Kokons ernten. In diesem Jahr betrug der Maulbeerbaumbestand in Niederösterreich über 600.000 Stück, die allerdings in den Folgejahren durch Klimaungunst, Wild- und Wasserschäden sowie Beschädigungen durch Menschenhand arg in Mitleidenschaft gezogen wurden. Während die Anzahl der Bäume und Baumschulen weiterhin im Steigen begriffen war, ging der Ertrag an Kokons ständig zurück, wofür in erster Linie eine Raupenkrankheit verantwortlich war, was letztendlich 1875 zum Entzug der Staatssubvention führte. Wieder einmal setzte sich die Erkenntnis durch, dass Teile Niederösterreichs hinsichtlich der klimatischen Bedingungen zwar für die Seidenraupenzucht geeignet wären, unter der Landbevölkerung allerdings keine breite Basis für die Seidenkultur zu gewinnen wäre und der Kulturzweig daher über den Stand einer Liebhaberei nicht hinauskommen würde. Mit der Auflösung der Seidenbausektion im Jahr 1884 fand die Seidenkultur in Niederösterreich ihr offizielles Ende, wenn auch das Interesse in der Folgezeit nie gänzlich erlosch.

Wegen des Rohstoffmangels und der Notwendigkeit, Einkommensmöglichkeiten für Kriegsopfer zu finden, wurde die Seidenkultur in den letzten Jahren des ersten Weltkrieges und den Nachkriegsjahren noch einmal in Angriff genommen, was aber mangels Verarbeitungsmöglichkeiten der Kokons im Inland ebenfalls scheiterte. Im Großdeutschen Reich leistete die Seidenraupe ihren Teil in der Erzeugungsschlacht, ein großer Teil der für die Fallschirmproduktion notwendigen Seide stammte aus heimischer Produktion.

Krapp, Färberröte *Rubia tinctorum*

Krapp ist eine bis zu 1 Meter hohe, aus dem Orient stammende Pflanze aus der Familie der Rötegewächse *Rubiaceae*, zu der auch die heimischen Labkräuter, so zum Beispiel der Waldmeister, gehören. Die wissenschaftliche Bezeichnung „Rubia" bezieht sich auf den roten Farbstoff, der in der Wurzel enthalten ist.

Zum Färben wurden die Wurzeln von 3 bis 4 Jahre alten Pflanzen ausgegraben, getrocknet, zerkleinert und zerrieben. Frische Wurzeln sind innen gelb, der rote Farbstoff (Alizarin) entwickelt sich erst beim Trocknen. Der damit zu erzielende Farbton kann je

nach Extraktionsart und verwendeter Beize zwischen Rosa, einem Rot-Orange und einem kräftigen Rot schwanken. Krapp war bis ins ausgehende 19. Jahrhundert in Europa weit verbreitet und die wichtigste Pflanze zur Rotfärbung von Textilien.

Geschichte der Krappkultur

Krapp wird im Mittelmeerraum und im Orient seit Jahrtausenden kultiviert und als Färbepflanze verwendet. In Ägypten wurden bereits 3.000 Jahre vor unserer Zeitrechnung Stoffe mit Krapp gefärbt, der römische Schriftsteller Plinius der Ältere berichtete von ausgedehnten Krappkulturen. Den Germanen war das Krapprot ebenso bekannt wie den Wikingern. Auch die Landgüterverordnung Karls des Großen sieht den Krappanbau vor. Die Krappwurzel war zunächst Handelsware. Händler, Kreuzfahrer und Pilger hatten die Kunde von den kräftigen roten Farben („Türkischrot") nach Mitteleuropa gebracht, was die Nachfrage steigen und einen lebhaften Handel, der enorme Gewinne abwarf, entstehen ließ. Vermutlich brachten die Benediktiner den Krapp über die Alpen. Bereits im 13. Jahrhundert wurden Anbaugebiete in den Niederlanden, im französischen Elsass, in Deutschland und Ungarn genannt.

Es ist nicht genau bekannt, wann die Krappkultur in Österreich bzw. in Niederösterreich begann. Jedenfalls regt Phillipp Wilhelm Hörnigk in seinem 1684 erschienenen Werk „Österreich über alles, wenn es nur will" eine Verbesserung der landwirtschaftlichen Produktion an und geht darin auch auf den Anbau von Färbekräutern ein, die teure Importware ersetzen und dadurch die Handelsbilanz verbessern sollten. Diese Anregungen fielen allerdings zunächst nicht auf allzu fruchtbaren Boden. Erst Maria Theresia setzte sich ernsthaft mit landwirtschaftlichen Reformen auseinander und unterstützte die Produktion von besonderen Waren mit staatlichen Prämien.

In Österreich nutzte der Spezereienhändler Franz Anton Dywald die Gunst der Stunde. Er importierte Krappwurzeln aus den Niederlanden, legte auf seinem Gut bei Kagran 1766 neben Safrangärten auch Krappplantagen an und gab die Wurzeln samt Anleitung zu ihrer Kultivierung an Interessierte weiter. Maria Theresia dankte ihm für seine Bemühungen mit einer persönlichen Belobigung. Andere Unternehmer folgten seinem Beispiel, so etwa Freiherr von Fellner, in dessen Mühle in Himberg im Jahr 1802 7.000 Zentner Krappwurzeln gemahlen wurden.

Krapp wurde damals feldmäßig um Horn, Maissau, Hollabrunn, Ziersdorf und Wien angebaut. Zur Verarbeitung der Wurzel wurden zahlreiche Mühlen, so etwa in Eggenburg, Rohrendorf bei Pulkau, Himberg, Ebreichsdorf und in Wien in Kagran und am Tabor in Betrieb genommen. Krappkulturen und Mühlen entstanden in erster Linie in der Umgebung von Textilbetrieben, die natürlich besonderes Interesse an der guten Verfügbarkeit von Farbstoffen hatten.

Krapppflanze *Rubia tinctorum*
Foto: Arche Noah

Im Jahr 1869 wurden weltweit noch rund 70.000 Tonnen Krappwurzeln produziert. In diesem Jahr gelang den deutschen Chemikern Carl Graebe und Carl Liebermann die chemische Darstellung des Krappfarbstoffes Alizarin, der nun synthetisch weit billiger hergestellt werden konnte. Innerhalb weniger Jahre verschwand Krapp vom Markt.

Färberwaid *Isatis tinctoria* Foto: Arche Noah

Blüten des Färberwaids Foto: Arche Noah

Färberwaid *Isatis tinctoria*

Die zweijährige Pflanze aus der Familie der Kreuzblütler bildet im ersten Jahr eine grundständige Blattrosette. Im zweiten Jahr schießen viele bis zu 1,5 Meter hohe Triebe mit gelben rapsähnlichen Blüten, aus denen schwarz-violette Früchte, die so genannten Schötchen, hervorgehen. Die Blätter, die mehrmals im Jahr geschnitten werden können, enthalten den höchsten Gehalt an Indigovorstufen.

Die Blaufärberei mit Waid war ein komplizierter und aufwändiger Vorgang. Nach der Ernte wurden die Blätter angewelkt und unter Zugabe von Wasser in den Waidmühlen zerquetscht, vergoren und zu Waidpulver verarbeitet. Beim Färben wurde zunächst mit Krapp und Kleie versetztes Wasser erhitzt, damit ein Gärungsvorgang in Gang gebracht wurde, schließlich Waidpulver, Urin, sowie Kalk oder Pottasche beigemengt. Die so entstandene Brühe, auch Küppe genannt, ließ man 3 Tage bei einer Temperatur von 60 Grad ziehen. Das dann eingebrachte Färbegut nahm zunächst eine gelb-grünliche Farbe an. Nach einem Tag in der Brühe – üblicherweise der Sonntag – wurde es am Montag zum Trocknen aufgehängt. Erst an der Luft entwickelte sich durch Oxidation die beständige blaue Farbe. Der umgangssprachliche „blaue Montag" und das „Blaumachen" leitet sich von diesem prozessbedingten Ruhetag in der Färberei ab.

Geschichte der Waidkultur

Der Anbau der ursprünglich aus Westasien stammenden Pflanze lässt sich bis ins Altertum zurückverfolgen. Neben den Ägyptern, Griechen und Römern verwendeten auch Gallier und Germanen den Waid. Bis in das 17. Jh. hinein war Waid der einzige heimische Farbstoff, der das Blaufärben von Textilien ermöglichte. Dementsprechend groß war der Bedarf. In Deutschland lebten ganze Landstriche von der Waidkultur. Die Stadt Erfurt in Thüringen wurde durch den Waidhandel so reich, dass sie 1392 die Mittel zur Gründung einer Universität aufbringen konnte.

In Niederösterreich wurde Waid in der Umgebung von Tuchmacherwerkstätten angepflanzt. So musste etwa ein Färber, der in Horn angestellt werden wollte, nachweisen, dass er über Anbau und Pflege des Waids Bescheid wusste. Ab dem 16. Jh. verdrängte der besser färbende und billigere asiatische Indigo nach und nach den Waid. Alle Versuche, die Färber von importierten Färbedrogen abzuhalten – in England und Frankreich wurde der Handel mit Indigo sogar zeitweise mit der Todesstrafe geahndet – blieben letztendlich erfolglos.

In Österreich geriet der Waid zwischenzeitlich offenbar sogar in Vergessenheit, denn Wolf Helmhardt von Hohberg schreibt in seiner 1682 erschienenen „Georgia curiosa", dass der von den "Lateinern Isatis genannte Waid in Österreich nicht in Gebrauch ist". An der Wende vom 18. ins 19. Jahrhundert wurden jedoch zahlreiche Versuche unternommen, die Waidkultur in Gang zu bringen. So legte Fabio de Ricci 1753 eine Waidplantage bei der Färbereifabrik in Pötzleinsdorf an. Waidindigofabriken wurden in Theresienfeld (1788), Breitensee (1799), Zwölfaxing (1802), Margarethen am Moos (1804), und Fischamend (1810) errichtet, die aber alle nach kurzer Produktionszeit aufgegeben wurden.

Der Waidanbau in Österreich bildet, wie A. Lengerke in der „Landwirtschaftlichen Statistik der deutschen Bundestaaten" aus dem Jahr 1841 schreibt, „ein Gewebe von Unglücksfällen und unzweckmäßigen Verfahrensweisen".

Ein ähnliches Schicksal erlitt auch der Färberwau (*Reseda luteola*), dessen oberirdische Teile den gelben Farbstoff Luteolin enthalten. Wau, der vor der Entdeckung Amerikas das wichtigste Gelbfärbemittel Europas war und zuvor den Färberginster verdrängt hatte, wurde nach und nach durch Gelbholz ersetzt.

Saflor, Färberdistel, Öldistel
Carthamus tinctorius

Saflor ist eine Pflanze aus der Familie der Korbblütler, deren ursprüngliche Heimat von Vorderasien bis ins Mittelmeergebiet reichte. Ihre Röhrenblüten enthalten zwei Farbstoffe und zwar das wasserlösliche Saflorgelb und das nur durch alkalische Lösungen zu gewinnende Saflorrot (Carthamin). Zur Farbgewinnung wurden die gelben Blütenköpfchen aus ihren Hüllblättern gelöst, gewaschen, um das untaugliche Gelb zu entfernen und danach getrocknet. Das dann gewonnene Saflorrot wurde in Pillenform gepresst. In Verbindung mit verschiedenen Zusätzen konnten damit unterschiedlichste Farbtöne erzielt werden. Mit

Blühende Färberdisteln
Foto: Archiv Landesmuseum Niederösterreich

Saflor wurden nicht nur Textilien, sondern auch Speisen gefärbt.

Die Samen der Färberdistel enthalten ein hochwertiges Öl, das für unterschiedliche Zwecke Verwendung fand und findet. Saflor wurde auch als Ersatz für den weit teureren Safran, aber auch zur Fälschung von Safran verwendet.

Geschichte der Saflorkultur

Die Färberdistel ist eine uralte Kulturpflanze, schon vor 3 500 Jahren färbten die Ägypter damit Mumienbinden. Nach Mitteleuropa brachten sie vermutlich die Römer. In größerem Ausmaß wird sie seit dem 13. Jahrhundert genutzt, systematischen Anbau gab es seit der Mitte des 17. Jahrhunderts vor allem in Frankreich und Deutschland, hier vor allem in Thüringen.

Auch in Österreich dürften die Anbauflächen nicht unbeträchtlich gewesen sein. In der berühmten Tegernseer Handschrift aus dem Jahr 1509 scheint unter den Safransorten der „Österreichische Landsafran" auf, wobei es sich um getrocknete Abkochungen der Saflorblüte gehandelt haben dürfte. An der Wende vom 18. zum 19. Jahrhundert wurden verschiedenste Anstrengungen unternommen, die Kultur von Saflor, der zu einem großen Teil aus dem Ausland importiert wurde, zu fördern. So erhielt Graf Cologna für seinen Safloranbau nicht nur ein 20-jähriges Privileg, sondern 1795 auch eine Belohnung für seine Anbau- und Verwertungsversuche. Zwischen 1801 und 1804 wurden Saflorsamen staatlicherseits kostenlos an Herrschaften, so zum Beispiel Ober Waltherdorf, Retz, Gutenstein, Feistritz, Währing, aber auch an Privatpersonen verteilt. Die napoleonischen Kriege setzten diesem vielversprechenden Kulturzweig in Österreich allerdings ein jähes Ende.

Tabak *Nicotiana tabacum*

Um 1560 kam der Tabak, von dem keine Wildform, aber zahlreiche Kultursorten bekannt sind, aus Amerika nach Spanien. Der französische Gesandte in Lissabon Jean Nicot – nach ihm wurde später nicht nur

Zigarrengut wurde in besonderen Kisten transportiert, um eine Beschädigung der Blätter zu verhindern
Foto: JTI Tobacco Collection Vienna

die Pflanzengattung, sondern auch der Inhaltsstoff benannt – verhalf Tabak zur weiten Verbreitung in Europa, wo er zunächst als Zier- und Heilpflanze genutzt wurde.

Tabakanbau in Österreich

Ende des 16. Jahrhunderts begann man in Europa Tabak nach indianischem Vorbild in Tonpfeifen zu rauchen. Besonders der Dreißigjährige Krieg trug zur weiten Verbreitung des Tabakkonsums bei, weshalb Abraham a Santa Clara den Tabak als „Soldatenkraut" bezeichnete. Eine frühe schriftliche Nachricht über den Tabakkonsum in Österreich stammt aus dem Stift Schlägl, wo 1644 den Klerikern das Tabaktrinken verboten wurde.

Erstmals angepflanzt wurde Tabak in Österreich 1648 in Neumarkt/Ybbs, und zwar von einem aus Bayern stammenden Schneidermeister. Ab 1693 entwickelte sich intensiverer Anbau in der Steiermark, im Burgenland, in Ober- und im Osten Niederösterreichs. Sogar in Vorarlberg wurde bis 1835 Tabak gepflanzt. Die Konkurrenz der besseren und billigeren Importware, so beispielsweise aus Ungarn, brachte

Die geernteten Blätter werden zum Trocken aufgefädelt
Eferding, OÖ, um 1950
Foto: JTI Tobacco Collection Vienna

An den Tabakpflanzen reifen die unteren Blätter früher und werden zuerst geerntet
Foto: pixelio.de

Tabakblüte Foto: pixelio.de

den heimischen Anbau immer wieder in Schwierigkeiten, zeitweise hörte er überhaupt auf. Die Gründung der Tabakfabriken in Österreich, so etwa in Hainburg 1722, Fürstenfeld 1776 und Linz 1850, änderten letztendlich wenig. Versuche, den Tabakanbau am Ende des 19. Jahrhunderts und zwischen 1918 und 1939 zu beleben, blieben ohne Erfolg. Erst nach dem 2. Weltkrieg stiegen die Anbauflächen von 76 Hektar im Jahr 1946 auf 547 Hektar im Jahr 1955. 1994 wurden noch rund 190 Hektar bestellt, wovon 122 auf die Steiermark, 36 auf Niederösterreich (Bezirk Hollabrunn), 25 auf das Burgenland und 7 auf Oberösterreich entfielen. Die Erntemenge von 393 Tonnen machte etwa 3 Prozent des in Österreich verarbeiteten Tabaks aus. Nach einer Änderung des EU-Prämiensystems stellten die letzten 43 österreichischen Tabakbauern 2006 die Produktion ein.

Die weltlichen Obrigkeiten standen dem Tabakkonsum stets zwiespältig gegenüber. Es wurden, hauptsächlich feuerpolizeilich motivierte Konsumverbote verhängt. Da sich das Verlangen nach Tabak dadurch nicht bremsen ließ, versuchte man aus dem bald weit verbreiteten Genussmittel wirtschaftlichen Nutzen zu ziehen. In Österreich wurde das Recht auf Einfuhr, Verkauf, Verarbeitung zunächst an Unternehmer verliehen, mit hohen Steuern belegt und ab 1784 durch das Tabakmonopol Josef II. endgültig in staatliche Regie übernommen.

Steinweichsel *Prunus mahaleb*

Die Steinweichsel ist eine echte Europäerin. Ihr Verbreitungsgebiet erstreckt sich von Portugal über die Pyrenäen, die Südseite der Alpen bis ans Schwarze Meer. Außerhalb Europas gibt es ausgedehnte Vorkommen im Iran und Afghanistan.

Das Fruchtfleisch der kleinen Kirschfrüchte ist sehr bitter und ungenießbar. Hingegen finden die Steinkerne in Südeuropa als Würzmittel – Mahlepi Pulver – Verwendung und sind beispielsweise im traditionellen griechischen Osterkuchen oder in türkischen Teigtaschen enthalten. In Mitteleuropa kamen sie in die Seife. Alle Pflanzenteile enthalten Cumarin und waren zunächst aromatisierender Zusatz im Tabak. Mit der Idee, das Aroma erst nach der Verbrennung des Tabaks, nämlich über Zigarettenspitz und Pfeifenrohr zuzuführen, begann der spektakuläre Aufstieg der Steinweichsel.

Ob es nun Ungarn, Türken, Burgenländer oder doch die Niederösterreicher waren, die auf die Idee kamen, aus Ausschlagruten der Steinweichsel Produkte aller Art zu erzeugen, bleibt im Dunklen. Die anhaltenden Dufteigenschaften und gute Verwendbarkeit des Weichselholzes für Wergzeugstiele waren Bauern und Handwerkern schon lange bekannt. Franz Trenner, Drechslermeister aus Gutenstein bei Baden, sollte es aber vorbehalten bleiben, mit seiner genialen Geschäftsidee für mehr als 100 Jahre tausenden Menschen in Ostösterreich ein Einkommen zu sichern. Er verarbeitete die Sprösslinge und Stämmchen zu Pfeifenröhren. Nachdem zunächst noch wild wachsende Steinweichseln genutzt wurden, folgten bald aus Samen gezogene Kulturen auf vielen Hektar Fläche. Um 1830 schossen Weichselgärten in und um Baden, aber auch in anderen Teilen Ostösterreichs, regelrecht aus dem Boden. Baden und später Wien wurden zum Zentrum der Verarbeitungsindustrie, deren Produkte – neben Pfeifenrohren wurden später auch Zigarettenspitze, Spazierstöcke, Schirmgriffe erzeugt – in die ganze Welt verkauft wurden.

Steinweichselkultur Foto: G. Schramayr

Weiterführende Literatur

Angeli, E. (*1986*): Krapp, Safran, Waid und Wau. Korneuburger Kulturnachrichten 4: 15 – 21.

Hoffmann, R. (*1992*): Färbepflanzen und ihre Verwendung in Österreich. Verh. Zool.-Bot. Ges. Österreich 129: 227 -269.

Kaiser-Alexnat, R. (*2008*): Färberwaid (Isatis tinctoria L.): Perspektiven einer vielseitigen Nutzpflanze. Nachrichtenbl. Deut. Pflanzenschutzd. 60 (5), 97-103.

Kneifl, H. (*1987*): Maulbeerpflanzungen in Enns im 19. Jahrhundert – zur Geschichte der Seidenraupenzucht in Oberösterreich. Oberösterreichische Heimatblätter 41/4: 306-317.

N.N. (*1957*): Der Tabakanbau in Oberösterreich. WIFO- Monatsberichte 9: 319-321.

Schachinger, A. (*1938*): Die Entwicklung der Maulbeerbaum- und Seidenkultur in Wien und Niederösterreich bis in die Mitte des 19. Jahrhunderts. Jb. für Landeskunde von N.-Ö., XXVII Jahrgang: 147-188.

Schachinger, A. (1944): Die Entwicklung der Maulbeerbaum- und Seidenkultur in Wien und Niederösterreich von der Mitte des 19. Jahrhunderts bis zur Errichtung des Großdeutsche Reiches. Jb. für Landeskunde von N.-Ö., XXVIII Jahrgang: 208-271.

Trost, E. (*2003*): Rauchen für Österreich: Zur allgemeinen Erleichterung. Eine Kultur- und Wirtschaftsgeschichte des Tabaks in Österreich. Gerold, Wien.

Schramayr, G. & K. Wanninger (*2007*): Die Steinweichsel Prunus mahaleb. Eine Monografie der Regionalen Gehölzvermehrung.

Apfelsorten in Niederösterreich
Weltsorten versus Lokalsorten

Bernd Kajtna

Der Obstanbau in Niederösterreich kann auf eine lange Geschichte zurückblicken. Die im Mittelalter gegründeten Stifte wie Melk, Ardagger, Göttweig, Klosterneuburg, Zwettl und andere waren über Jahrhunderte Förderer und Innovationszentren des Obstbaues. Der bäuerliche Obstbau unterschied sich bis ins 19. Jahrhundert in punkto Sortenzusammensetzung vom Obstbau der Klöster und Stifte, die damals schon untereinander im Austausch standen und Obstsorten als Edelreiser über die Grenzen hinweg verbreiteten. So kamen zahlreiche deutsche, französische, englische und auch russische Tafelobstsorten nach Österreich.

Obstbauliche Innovationen wie verschiedene Veredelungstechniken und Erziehungsformen, neue Tafelobstsorten, Methoden der Mostbereitung und andere fanden wohl im geschützten Bereich der kirchlichen Einrichtungen ihre erste Anwendung.

Wie rasch und ob überhaupt sich diese Erkenntnisse und neue Sorten in den Obstgärten der Bauern niederschlugen, ist fraglich. Es ist wahrscheinlich, dass die Landbevölkerung bis ins 19. Jahrhundert weniger Tafelobst als vielmehr die regional entstandenen Mostobstsorten (Landsorten) auspflanzten. Obst wurde prinzipiell zum Pressen und nicht für den Frischverzehr angebaut.

Im 19. Jahrhundert hatte die Obstsortenkunde (Pomologie) ihre Blütezeit. Feinere Tafeläpfel wurden zunehmend beliebter. Hunderte Obstsorten wurden klassifiziert, beschrieben, gezeichnet und in private Sammlungen überführt.

Zahlreiche Bücher mit Sortenbeschreibungen und Fruchtabbildungen (Pomologien) entstanden. Die Anzahl der Apfelsorten, die durch Tausch, wissenschaftliche Neugierde und Sammelleidenschaft alleine in Österreich zusammengekommen ist, lässt sich nicht mehr genau eruieren. Heute dürften in ganz Österreich zwischen 600 – 800 Apfelsorten vorhanden sein, die meisten wurden damals durch umtriebige Pomologen beschrieben und ins Land gebracht.

In der zweiten Hälfte des 19. Jahrhunderts wurde das Obst immer mehr als Handels- und Exportware (Tafel- und Mostobst) erkannt und zum „Wohle der Bevölkerung" begannen Vereine, Schulen und Behörden den Obstbau zu modernisieren und zu rationalisieren. 1880 wurde der NÖ Landesobstbauverein gegründet. Der umtriebige Verein erstellte sogenannte Normasortimente, das waren Sortenempfehlungen für die einzelnen Obstbaugebiete und schickte Wanderlehrer aus, um einen modernen Obstbau zu propagieren. Die Pomologen des 19. Jahrhunderts hatten ihre Wurzeln nicht im bäuerlichen Obstbau, sie zählten zum Bürgertum oder entstammten der Kirche, jedenfalls waren sie international vernetzt. Die Wissenschaft vertrat damals die Auffassung, dass es dringend notwendig wäre, das „Sortenwirrwarr" im bäuerlichen Obstbau zu bereinigen. Diese Absicht ist durchaus nachvollziehbar. Im bäuerlichen Obstbau wurden zum überwiegenden Teil Obstsorten zur Mostbereitung gepflanzt. Die Bäume wurden nicht

Ungeklärter Apfelsaft direkt von der Presse
Foto: B. Kajtna

Mostobstblüte
Foto: Agrarfoto.com

Apfelsorten in Niederösterreich – Weltsorten versus Lokalsorten

Ein Baum des „Bananenapfels", einer Waldviertler Lokalsorte mit Bananenaroma Foto: B. Kajtna

in Baumschulen zugekauft, sondern aus Apfelsamen selber gezogen. Die Apfelsämlinge wurden entweder gar nicht veredelt oder mit Sorten, die lokal vorhanden waren.

Der obstbauliche Wert dieser Lokalsorten war sicher unterschiedlich und die Idee, erprobte Tafel- und Mostobstsorten durch Wanderobstbaulehrer, Musterobstgärten, Umpfropfaktionen einzuführen, setzte sich durch. Die Folge war eine weitere Internationalisierung des Sortenspektrums.

Viele der seit dem 19. Jahrhundert propagierten Sorten sind heute überregional verbreitet und in verschiedenen Obstbaugebieten in Europa im Streuobstbau und in Hausgärten zu finden. Sie können in einem Gebiet selten, zerstreut oder häufig vorkommen. Diese Sorten sind in der Regel in der pomologischen Literatur beschrieben. Die Folge der damals einsetzenden Beratungstätigkeit war eine Verdrängung der Apfel-Lokalsorten (meist Mostobstsorten) zugunsten eines überregional verbreiteten Tafelobstsortiments. Bis etwa 1950 wurden diese Apfelsorten in Form von Hochstämmen auf Streuobstwiesen zur Produktion von Tafelobst gepflanzt.

In Niederösterreich war der Wiener Markt natürlich seit jeher der wichtigste Abnehmer von Frischobst. Das hat sich nicht geändert, jedoch stammt der Apfel heute nicht mehr aus dem Streuobstbau, sondern aus dem Plantagenobstbau.

Heute wird das Obst aus großkronigen Bäumen ausschließlich für die Verwertung zu Konzentrat, Direktsaft oder Most verwendet.

Typische Apfelsorten aus Hochstammkultur von 1900 bis 1950 mit überregionaler Verbreitung

- Adersleber Kalvill
- Apfel aus Croncels
- Baumanns Renette
- Berner Rosen
- Boikenapfel
- Champagner Renette
- Chrysofsker
- Danziger Kantapfel
- Geflammter Kardinal
- Gelber Bellefleur
- Gelber Edelapfel
- Goldrenette von Blenheim
- Gravensteiner
- Großer Rheinischer Bohnapfel
- Harberts Renette
- Jakob Lebel
- Kaiser Wilhelm
- Kanadarenette
- Roter Eiserapfel
- Schöner aus Boskoop
- Weißer Klarapfel
- Wintergoldparmäne

Apfelsorten in Niederösterreich – Weltsorten versus Lokalsorten

[1] Eine unbekannte Lokalsorte aus dem Mostviertel. Die Besitzerin nennt sie „Nikoloapfel"
[2] Der Haslinger ist eine verbreitete Sorte im Wienerwald
[3] Der Waldviertler Böhmer, eine Lokalsorte
[4] Brünnerlinge sind eine Sortengruppe, die in NÖ und OÖ sehr verbreitet sind
[5] Der Rote Wiesling, ein Säuerling

Fotos: B. Kajtna

Lokalsorten

Apfelbäume erreichen ein Alter von 80 bis 100 Jahren. Obstgärten, in denen solche Uraltbäume zu finden sind, gewähren uns einen Einblick in die Obstkultur einer vergangenen Zeit. Weit ab von den Zentren, dort, wo Obst seit jeher nur der Eigen- und Nahversorgung diente, blieben Lokalsorten eher erhalten.

Apfelsorten in Niederösterreich – Weltsorten versus Lokalsorten

Zwar versuchten Wanderobstbaulehrer auch in entlegeneren Gebieten den neuen Obstbau zu verbreiten, doch betrachten wir das Sortenspektrum heute, scheint es, dass sich zwar die neuen Sorten durchaus auch etablierten, aber bei weitem nicht den Kahlschlag im Sortiment bewirkten, den wir in den Wien-nahen, wärmeren Lagen vorfinden.

Lokalsorten sind in ihrem Verbreitungsgebiet mehr oder weniger eingeschränkt, sie werden auch als Apfellandsorten bezeichnet. Die Anzahl für Österreich ist schwer abzuschätzen, da sie in der pomologischen Literatur ungenügend beschrieben sind. Es dürften jedoch 100 bis 200 Sorten sein. Im Gegensatz zu den

Eine moderne Presse Foto: Initiative Zukunft

eng verwandten Weltsorten ist diese Gruppe genetisch ausgesprochen divers. Als genetische Ressource sind Lokalsorten mangels Dokumentation und fehlender Absicherung in Genbanken akut gefährdet. In den letzten 20 Jahren wurden in Niederösterreich gebietsweise Sortenerhebungen durchgeführt. Geschätzte 1 Prozent der Streuobstbestände konnten sortenkundlich erfasst werden. Bei Feldrecherchen werden regelmäßig, je nach Gebiet, zwischen 10 und 50 Prozent nicht verifizierbare Apfelsorten gefunden. Die „Unbestimmbaren" werden mit Nummer oder Arbeitsnamen versehen. Ob es sich dabei um nicht erkannte Allerweltssorten oder um seltene Lokalsorten handelt, bleibt häufig im Dunklen. Eine systematische Erfassung dieser Sorten und eine koordinierte Sortenbestimmung in einem erweiterten Expertenkreis kann hier Abhilfe schaffen. Lokalsorten sind durchwegs Zufallssämlinge. Die Bezeichnung verweist auf die Entstehungsgeschichte dieser Sorten. Aus einem beliebigen Apfelsamen entwickelt sich ein Baum, oft am Rande von Wegen oder Obstwiesen, oder dort, wo der Trester nach dem Pressen ausgebracht wurde. Trägt dieser Baum auffallend gute Früchte, werden sie durch Veredelung weitervermehrt.

Die meisten Lokalsorten zeigen einen deutlichen Mostobstcharakter, sie sind eher säuerlich, saftig und dadurch zum Pressen geeignet.

Säuerlinge, wie der Rote Wiesling oder der Rote Griesapfel, dienten offenbar einem ganz speziellen Zweck. Sie verleihen dem süßen Birnenmost die notwendige Säure und damit Stabilität. Andererseits sind unter den Lokalsorten Süßäpfel zu finden, deren Süße auf einen hohen Gehalt an unvergärbarem Sorbit beruht. Diese unangenehm süß schmeckenden Äpfel, in geringen Mengen beigemischt, können den zu sauren Most genießbar machen.

Zumindest zwei in Niederösterreich entstandene Lokalsorten können als hervorragende Tafeläpfel bezeichnet werden: der Siebenkant und der Rodauner Goldapfel.

Der Siebenkant ist eine Hauptsorte im westlichen Waldviertel (Yspertal). Die Herkunft der Sorte ist völlig ungeklärt, möglicherweise ist sie sogar in der Region entstanden. Dafür spricht zumindest die starke Verbreitung auch in Form wahrer Baummethusalems in der näheren Umgebung und auch im angrenzenden Mostviertel. Im übrigen Niederösterreich findet man die Sorte eher nur vereinzelt und außerhalb des Bundeslandes ist die Sorte wohl kaum verbreitet. Es handelt sich damit wahrscheinlich um eine echte niederösterreichische Lokalsorte, die aber durchaus eine größere Verbreitung verdient. Der ausgezeichnete frische, knackige Geschmack und vor allem seine Haltbarkeit bis Mai sprechen für ihn. Wohl kaum ein Apfel ist, im normalen Keller gelagert, im Mai noch so spritzig und erfrischend wie der Siebenkant. Auch der Baum ist robust und gedeiht sowohl in etwas höheren Lagen, als auch im warmen, trockenen Klima sehr gut. Altbäume können mächtige Kronen mit bis zu 15 Meter Durchmesser erreichen, wobei die Wüchsigkeit der Sorte sehr stark von Standort zu Standort verschieden ist. Den Namen Siebenkant hat der Apfel wohl von den typischen Kanten, die die Frucht überziehen.

Der Rodauner Goldapfel ist in den 1920ern in Wien – Rodaun aufgefunden worden. Er wurde von verschiedenen Baumschulen verbreitet. Die Sorte ist aufgrund des guten Geschmacks heute noch empfehlenswert.

Weltsorten

Im krassen Gegensatz zu den Lokalsorten stehen die heutigen Marktsorten. Alle im Supermarkt erhältlichen Sorten (Ausnahme Kronprinz Rudolph) werden in Österreich und in anderen Teilen der Welt angebaut und interkontinental gehandelt. Sie können deshalb als Weltsorten bezeichnet werden. Für den heimischen Markt haben maximal 10 Sorten eine wirtschaftliche Bedeutung. Lokalsorten sind ausgesprochen vielfältig, die Weltsorten hingegen sind durchwegs eng bis sehr eng miteinander verwandt. Praktisch alle bedeutenden Apfelsorten, die in den vergangenen sechs Jahrzehnten gezüchtet wurden, stammen in direkter Linie von drei Sorten ab – Golden Delicious, Cox Orange und Jonathan. Bei einigen Sorten kommen diese drei Ahnen sogar mehrfach in ihren Stammbäumen vor. So zum Beispiel bei den wichtigen Marktsorten Jonagold, Elstar und Gala. Die nahe Verwandtschaft ist auch am ähnlichen Geschmack erkennbar. Diese genetische Enge erscheint noch bedenklicher, wenn man weiß, dass die drei Ahnen extrem anfällig für Schorf, Mehltau und diverse Schädlinge sind.

Regelmäßige Apfelbaumpflanzung im Wienerwald
Foto: B. Kajtna

Einer geringen Anzahl an eng verwandten Marktsorten (10) steht eine große Zahl an genetisch diversen Apfelsorten im Streu- und Siedlerobstbau gegenüber (600 bis 800). Vor allem österreichische Lokalsorten sind unzureichend erfasst und massiv gefährdet. Die Wertschätzung für alte Apfelsorten in der Bevölkerung und die Bedeutung von Streuobstwiesen für Natur- und Umweltschutz bieten eine günstige Voraussetzung für lokale Initiativen zur Erhaltung und Förderung der Streuobstkultur.

Gepflegter Obstgarten im Mostviertel Foto: B. Kajtna

Das Plus im Weingarten – Weingartenpfirsich und Weingartenknoblauch

Bernd Kajtna

Der Weingarten, eines der ältesten Elemente der europäischen Kulturlandschaft, prägt seit Jahrhunderten in Teilen Ost-Österreichs die Landschaft. Das Bild eines Weingartens hat sich über die Zeit radikal gewandelt.

Anfang des 20. Jahrhunderts wuchs der Wein „im Durcheinander". Die Rebstöcke wurden nicht in Zeilen gepflanzt und auch nicht angebunden. Die Vermehrung durch Ableger („Vergruben") der vorhandenen Rebstöcke war die Regel. Geerntet wurde ein „gemischter Satz": Ertragsstarke Reben wuchsen neben bukettreichen, die Weine waren jeweils eine individuelle Sortenmischung. Mitten „im Durcheinander" der Reben gediehen Obst, Gemüse und Gewürzpflanzen wie Knoblauch, Kren, Pfirsich, Mandel, Ribisel und verschiedene wilde Erdbeerarten – der Weingarten war tatsächlich ein vielfältiger Garten.

Untrennbar mit dem Weingarten verbunden ist der Ort der Weinbereitung – der Weinkeller und die Kellergasse. Der Weinkeller wird mehrmals im Jahr zum Heurigen – ein Ort, an dem Wein und selbstbereitete Speisen angeboten werden. In dessen Nahebereich finden wir typische Kulturpflanzen wie Nussbäume, Kirschen etc. als Obst- und Schattenspender.

Durch die oft große Entfernung des Weingartens zum Hof hielten die Weinbauern am Rande des Weingartens in ihren Arbeitspausen Rast.

Schattenbäume (häufig Nuss oder Kirsche) und Hiatahütten boten Schutz und waren zugleich Jausenplätze. Kren und Knoblauch wurden frisch aus dem Weingarten genossen und auch beim Heurigen angeboten. Die Arbeitsweise im Weingarten nahm Einfluss auf die Umgebung und prägte das kleinräumige Bild dieser Landschaft. Die Begleitpflanzen im Weingarten und in den Kellergassen sind landschaftsprägend und ökologisch bedeutsam, Teil der Weinkultur und aufgrund ihrer langen Anbautradition von landeskulturellem Wert.

Weingartenpfirsiche, Weingartenknoblauch und Co sind das Plus im Weingarten und deshalb wohl auch als Motiv für das Weinmarketing interessant, wie Abbildungen von blühenden Pfirsichbäumen in

Vielfalt an Weingartenpfirsichen aus Gumpoldskirchen
Foto: B. Kajtna

Magazinen beweisen. Unter den Wein-Begleitpflanzen genießen der Weingartenpfirsich und der Weingartenknoblauch heute wohl das größte Ansehen. Von Slow Food wurden beide als Passagiere in die Arche des Geschmacks aufgenommen. Doch was verbirgt sich hinter dem „Pferscha" und dem „Knofl" aus dem Weingarten? Wie kamen sie in ihren Weingarten und wie kann ihr Bestand gesichert werden?

Weingartenpfirsich im Portrait

Um die Besonderheit des Weingartenpfirsichs zu verstehen, sind vorab ein paar Worte über die Vermehrung von Obstbäumen notwendig. Apfel, Birne und

Weingarten am Wagram mit zahlreichen Weingartenpfirsichbäumen
Foto: D. Steinböck

Das Plus im Weingarten – Weingartenpfirsich und Weingartenknoblauch

Pfirsichblüte Foto: D. Steinböck

alle anderen Obstbäume unserer Breiten werden beinahe ausschließlich durch Veredelung, also vegetativ (ungeschlechtlich), vermehrt. Beim Veredeln wird ein Edelreis mit der Unterlage verbunden, sie wachsen zusammen. Die Folge dieser Art der Vermehrung ist, dass alle Bäume einer Sorte genetisch ident sind, man spricht deshalb auch von Klonsorten. Ein Kronprinz Rudolph aus der Steiermark entspricht einem Baum dieser Apfelsorte aus Niederösterreich. Mit einer gewöhnlichen Pfirsichsorte verhält es sich ebenso. Zurück zum Weingartenpfirsich: Fragen sie Herrn Max Mustermann und Frau Lisa Müller, wie sie einen Weingartenpfirsich beschreiben würden, so bekämen sie wahrscheinlich zwei unterschiedliche Antworten und beide hätten recht. „Den" Weingartenpfirsich gibt es schlicht nicht, spricht man von Weingartenpfirsich, ist damit eine ganze Gruppe gemeint. Der Grund dafür liegt in der Art der Vermehrung. Er wird nämlich nicht durch Veredelung vermehrt, sonder traditionell über den Samen, der beim Pfirsich Stein, oder Steinkern genannt wird. Diese Art der (geschlechtlichen) Vermehrung bewirkt, dass die Nachkommen der Mutter und dem Vater ähnlich sehen, sich aber in den Eigenschaften von den Eltern unterscheiden. Demnach entspricht der Weingartenpfirsich einer Gruppe (Population) an Pfirsichen, die sich in einem Zeitraum von mindestens 300 Jahren im Weinbaugebiet Österreich herausgebildet hat. Durch die stetige Vermehrung über den Samen (Steinkern) ist der Weingartenpfirsich vielgestaltig. Die große genetische Breite ermöglicht es, durch geschickte Auswahl der Mutterpflanzen den Pfirsich an spezifische, regionalklimatische Bedingungen anzupassen. Die ursprünglich im Weingarten kultivierten Pfirsiche standen der Wildform noch näher. Sie unterschieden sich wohl deutlich von modernen Edelsorten. Es ist anzunehmen, dass der Pfirsich selektiv vermehrt wurde und süße, bitterstoffarme und großfrüchtige Typen bevorzugt wurden. Dennoch blieb der Wildobstcharakter bis heute charakteristisch für einige Weingartenpfirsiche: sie sind bisweilen schlecht steinlösend, nicht frei von Bitterstoffen und kleinfrüchtig. Im Laufe der letzten 100 Jahre wurden Edelsorten von Europa und vor allem den USA nach Österreich eingeführt, die sich mit den ursprünglichen Typen kreuzten und die Vielfalt noch erhöhten. Heute gibt es frühreifende, rotbackige Weingartenpfirsiche, genauso wie spätreifende, grüne Typen. Die Vielgestaltigkeit des Weingartenpfirsichs macht eine einheitliche Beschreibung der Frucht nicht möglich. Das verbindende Element ist die Art der Vermehrung, der Anbau im Weingarten und die daran geknüpften Traditionen.

In allen Weinbaugebieten Österreichs wurden und werden Pfirsichbäume traditionell im Weingarten kultiviert. Der Pfirsich findet hier ihm zusagende Bedingungen vor, ist er doch wie der Wein wärmeliebend und braucht offene (grasfreie), warme Böden mit geringem Kalkgehalt.

Bäume im Weingarten

Grund und Boden waren immer ein kostbares Gut. Um die Flächen möglichst intensiv zu nutzen, wurde Weinbau in Kombination mit anderen landwirtschaftlichen Kulturen betrieben. Das enge Nebeneinander von unterschiedlichen Nutzungsarten ist allerdings nur mit strauchartigen und kleinkronigen Obstbäumen wie etwa dem Pfirsich möglich, die den Unterkulturen genügend Licht und Nährstoffe lassen. Die Bauern zogen aus diesem Etagenobstbau mehrfachen Nutzen: die Ernte der verschiedenen Kulturen erstreckte sich über einen längeren Zeitraum und zu einem gewissen Teil wurde durch unterschiedliche Kulturen auch die Arbeitskraftauslastung gestreut. Die Obstbäume im Weingarten dienten häufig auch als Jausen- und Schattenbaum.

Aus zweifacher Sicht ist die Erwähnung des Pfirsichs in einer Weingartenordnung von 1749 interessant. Der Text belegt, dass der Pfirsich im 18. Jahrhundert im Weinbau seinen fixen Platz hatte und bringt eine weitere Facette des Pfirsichs, die als Zeigerpflanze, ins Spiel. Für die Durchführung einer bestimmten Arbeit im Weingarten (dem Fastenhauen im Frühjahr) wird in der Weingartenordnung jener Zeitpunkt empfoh-

Traditionelle Fruchtnutzung

Obwohl der Weingartenpfirsich seit Jahrhunderten bekannt ist, sind keine traditionellen Rezepte und Gerichte überliefert. Inwieweit der Weingartenpfirsich Eingang in die häusliche Verarbeitung und Küche fand, ist nicht bekannt.

Pfirsiche sind nur bedingt lagerfähig und lassen sich nicht einfach zu Saft pressen. Die Kompott- oder Marmeladezubereitung verlangt Zucker und Gefäße (Keramik, Glas), beides muss zugekauft werden und das war den Bauern sicher nicht immer möglich.

Die Zwetschke wurde verbreitet zum haltbaren Powidl verarbeitet. Ein ähnliches Verfahren ist beim Pfirsich

Ein rotbackiger Weingartenpfirsich Foto: D. Steinböck

Pfirsichernte im Weingarten Foto: D. Steinböck

len, an dem die Pfirsichblüten (Pferschablüa) dem Hauer in den Nacken rieseln.

Die Dichte der Pfirsichbäume im Weingarten erreichte durch die Einschleppung der Reblaus in Niederösterreich Ende des 19. Jahrhunderts einen Höhepunkt. Der Schädling vernichtete gebietsweise den Weinbau vollständig und Winzer waren gezwungen, ihre angestammte Wirtschaftsweise aufzugeben und sich nach neuen Erwerbsquellen umzuschauen. Im Gebiet um Baden wurden die den Bauern vertrauten Pfirsiche bis zur Etablierung der reblausresistenten Unterlagen angebaut.

nicht überliefert. Das liegt wahrscheinlich daran, dass Pfirsiche im Vergleich zu den Zwetschken wasserhältiger sind und das Eindicken dadurch aufwändiger ist. Der Weingartenpfirsich wurde wohl frisch vom Baum weg genossen. Bei Kindern waren süße Früchte begehrt. Landstreicher beernteten Bäume, die abseits der Siedlungen in den Weinbergen standen und der Weinhauer aß Pfirsiche bei der Arbeit im Weingarten. Während die Bauern vor allem sättigende Speisen schätzten, stand beim Adel im 18./19. Jahrhundert auch Obst auf dem Speiseplan. Eventuell gelangten die Pfirsiche auch in die Küche der Herrschaft.

Weingartenpfirsich als Marktfrucht

Seit einigen Jahren kommen Früchte unter der Bezeichnung „Steirischer Weingartenpfirsich" in den Handel und gelegentlich auch in den Supermarkt. Dabei handelt es sich um die Weingartenpfirsichselektion Innerhofer 3.

Walter Innerhofer aus Heimschuh in der Steiermark sammelte in den 1960er Jahren Weingartenpfirsiche in der Steiermark, baute die Kerne an und veredelte wertvolle Funde. Er selektierte die Sämlinge nach Weißfleischigkeit, später Reife (nach dem 20. August), runden Früchten, schöner Ausfärbung und Gesundheit mit dem Ziel, den heimischen Frischmarkt um regional angepasste Sorten zu bereichern. Sorte Innerhofer 3 wird heute auch unter der Bezeichnung Marianne von Baumschulen angeboten. Die Geschichte der Sorte Innerhofer 3 zeigt das Dilemma des Weingartenpfirsichs. Die kontinuierliche

Aus Weingartenpfirsich lässt sich ein herrlicher Bellini herstellen. Dabei wird das Fruchtmark mit Sekt aufgespritzt Foto: D. Steinböck

Vermehrung über den Steinkern brachte eine große Vielfalt zu Tage. Durch die Vermehrung eines besonders wertvollen Pfirsichbaums über Veredelung kann dieser Typ genetisch fixiert und in beinahe beliebiger Stückzahl reproduziert werden. So ist es möglich, eine sortenreine Obstanlage auszupflanzen und einheitliche Früchte dem Handel zu liefern. Aus Sicht des Produzenten und des Handels eine nachvollziehbare Vorgehensweise, die jedoch dramatische Folgen für die Weingartenpfirsichpopulation nach sich ziehen kann. Die Vielfalt an Weingartenpfirsichen droht massiv zu schwinden, wenn anstelle der traditionellen Pfirsichsämlinge veredelte Klonsorten im Weingarten ausgepflanzt werden. De facto bieten heute fast alle Baumschulen veredelte Weingartenpfirsiche an, zum Beispiel Weingartenpfirsich Klon Schreiber oder Marianne.

Sämling eines Weingartenpfirsichs
Foto: D. Steinböck

Baumindividuen aus der ursprünglichen Weingartenpfirsichpopulation sind heute nur selten im Weingarten zu finden und in ihrem Bestand gefährdet. Damit der Populationscharakter erhalten bleibt, sollten die Bäume ausschließlich über Samen vermehrt werden. Selektionsmaßnahmen (Vermehrung ausgewählter Bäume) sind zu begrüßen, und stehen nicht im Widerspruch zu den oben genannten Zielen, sofern die selektierten Bäume weiter über Samen und nicht über Veredelung vermehrt werden. Das hätte die Herausbildung von Klonsorten zur Folge und bedeutet eine Einengung der genetischen Vielfalt.

Das Plus im Weingarten – Weingartenpfirsich und Weingartenknoblauch

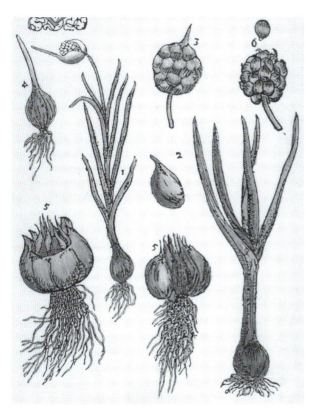

Der Knoblauch im Camerarius-Florilegium von 1589 entspricht dem Typus Weingartenknoblauch

Weingartenknoblauch

Im Camerarius-Florilegium von 1589 ist ein Knoblauch abgebildet. Vergleicht man die Abbildung mit dem Erscheinungsbild eines Weingartenknoblauchs, so lassen sich große Ähnlichkeiten festmachen. Betrachtet man hingegen moderne Marktsorten, so sieht man, dass sich diese Knoblauchsorten deutlich vom Knoblauch des Camerarius unterscheiden. Ohne noch ins Detail zu gehen, können wir festhalten, dass der Weingartenknoblauch als Sortentyp schon zu Beginn der Neuzeit vorhanden war und sich seither nicht wesentlich verändert hat. Anders die heutigen Handelssorten: Diese haben sich durch die züchterische Bearbeitung weiterentwickelt und unterscheiden sich vom traditionellen Weingartenknoblauch in vielerlei Hinsicht.

Wie kam der Knoblauch in den Weingarten?

Die Bezeichnung Weingartenknoblauch ist in den Weinbaugebieten Wien, Niederösterreich und Burgenland geläufig. In der Steiermark ist er nicht bekannt. Im Anbaugebiet verwildert der Knoblauch. Er wird in aufgelassenen, mit Waldrebe überwucherten Weingärten gesichtet, genauso wie in der Wiese am Rand des Weingartens und auf Böschungen, wo er trotz Mahd gedeiht und regelrecht Horste bildet. Der Knoblauch hat die Fähigkeit, einmal im Weingarten angesiedelt, sich hier auch ohne das Zutun des Menschen zu vermehren. Das schafft er allerdings nur, wenn Unkraut noch von Hand beseitigt wird. Fungizide und maschinelle Unkrautbekämpfung machen es dem Knoblauch schwer. Es gibt keine festgeschriebene Definition und keine allgemein gültige Sortenbeschreibung für den

Die Brutzwiebel („Samen") können im November oder besser im April angebaut werden
Foto: B. Kajtna

Im Juni dreht sich der Schaft einmal um die eigene Achse und streckt sich bis zur Ernte im Juli wieder durch
Foto: B. Kajtna

Das Plus im Weingarten – Weingartenpfirsich und Weingartenknoblauch

Weingartenknoblauch. Weingartenknoblauch ist der Sammelbegriff für die traditionelle Knoblauchpopulation Ostösterreichs. Vermutlich wurde der Knoblauch ursprünglich von Landarbeitern zur Zeit der Donaumonarchie nach Niederösterreich, Wien und ins Burgenland gebracht und in den Weingärten zur Selbstversorgung ausgepflanzt, wo er sich seither gehalten hat. Weinbauern wissen zu berichten, dass die Landarbeiter den Knoblauch direkt im Weingarten aufgeschnitten und mit Schmalzbrot genossen haben, während der Hauer ihn nicht so schätzte.

Der Weingartenknoblauch wird häufig im Bakstal (also beim Weingartensteher) kultiviert
Foto: B. Kajtna

Seit mindestens 60 Jahren wird der Weingartenknoblauch auch gezielt vermehrt und von den Weinbauern als Gewürz genutzt. Literatur oder Zeitzeugen, die einen Anbau darüber hinaus bestätigen, konnten bislang nicht aufgespürt werden. Innerhalb der heutigen Population lassen sich Aussagen über Vorkommen und Häufigkeit bestimmter Typen treffen. Ein einreihiger, schaftbildender Knoblauch, der im Herbst angebaut wird, ist wohl der Typ mit der größten Verbreitung. Der Weingartenknoblauch weist alle Merkmale einer Landsorte auf.

Bei einer Landsorte handelt es sich um eine genetisch variable Population, die nicht einer zielgerichteten Züchtung entstammt. Eine Landsorte entwickelte sich in einer spezifischen Region durch kontinuierlichen Anbau und ist dort verbreitet. Sie wird von den lokalen Bauern als ihnen zugehörig angesehen und oft nach traditionellen Methoden kultiviert.

Die Herkünfte unterscheiden sich phänotypisch und genotypisch und auch innerhalb einer Herkunft ist eine gewisse Varianz in der Merkmalsausprägung festzustellen. Die Vielgestaltigkeit mag überraschen, da Knoblauch ja rein vegetativ vermehrt wird und Knoblauchsorten an und für sich Klone sind. Die Heterogenität innerhalb einer Sorte/Herkunft zeigt sich zum Beispiel daran, dass in einem Weingartenknoblauch-Bestand die Einzelpflanzen unterschiedlich abreifen und die Größe der Zwiebel und der Brutzwiebel stark variieren.

Der Begriff Weingartenknoblauch wird nur in Österreich verwendet und hat nicht Eingang in die internationale Fachliteratur gefunden. Daher lässt sich derzeit nicht ausschließen, dass jener Knoblauchtyp, den wir als Weingartenknoblauch bezeichnen, im Ausland unter einer anderen Bezeichnung bekannt ist und gehandelt wird.

Zum Thema Weingartenknoblauch existiert kaum Literatur. Eine wertvolle Ausnahme stellt die Arbeit von Tanasch und Glauninger dar. Im Rahmen eines Forschungsprojektes wurden in den 1980ern zahlreiche Weingarten-Knoblauchsorten gesammelt, charakterisiert und mit ausländischen Sorten verglichen. Die Wissenschaftler verfassten auch eine allgemeine Beschreibung, die weiterhin Gültigkeit besitzt.

An dieser Stelle soll nochmals darauf hingewiesen werden, dass auch davon abweichende Typen von Bauern zu Recht als Weingartenknoblauch bezeichnet werden, sofern der Knoblauch alle Eigenschaften einer Landsorte in sich trägt.

Das Plus im Weingarten – Weingartenpfirsich und Weingartenknoblauch

Knoblauchernte im Weingarten Foto: D. Steinböck

Allgemeine Beschreibung

Der Weingartenknoblauch wird meist im Herbst angebaut, besitzt große Zwiebeln mit violetter bis blauvioletter Schalenfarbe, es kommt normalerweise Ende Mai zur Bildung eines echten Schaftes. Er trägt im oberen Teil dieses Schaftes ein kleines zwiebelartiges Gebilde mit winzigen Blüten und Brutzwiebeln unterschiedlicher Zahl und Größe, je nach Herkunft und Klon. Die Zehen sind einreihig rund um den Schaft angeordnet. Dieser Typ ist in Österreich am meisten als Weingartenknoblauch bekannt und kann sich langjährig ohne menschliche Hilfe durch wiederholten Vermehrungszyklus von Luftzwiebeln über Rundlinge bis zum volldifferenzierten Klon erhalten (Tanasch und Glauninger 1989).

Der traditionelle Anbau im Weingarten heute

Die mechanische Unkrautbekämpfung mit dem Stockräumgerät und der Einsatz von chemischen Unkrautvernichtungsmitteln sind für den Weingartenknoblauch eine große Bedrohung. In vielen Weingärten, in dem nachweislich Knoblauch wuchs, wurde er bereits ausgerottet oder an den Feldrain zurückgedrängt. Viele Weinbauern bedauern heute den Verlust

Foto: D. Steinböck

Das Plus im Weingarten – Weingartenpfirsich und Weingartenknoblauch

Fertig geputzter Knoblauch zum Trocknen aufgehängt
Foto: D. Steinböck

Über die Nutzung

Ein Wiener Weinbauer erzählt von seiner Kindheit in den 1970er Jahren. Der Knoblauch wurde von den Arbeitern direkt im Weingarten geerntet, in Scheiben geschnitten und dick auf das Schmalzbrot gelegt. Diese wohl ursprünglichste Verwendung des Knoblauchs wird heute noch beim Heurigen und in privaten Haushalten hoch gehalten. Die Zehen können bis März im kühlen Keller gelagert werden, dann beginnen sie auszutreiben. Weingartenknoblauch wird fast ausschließlich in der eigenen Küche verwendet, nur geringe Mengen werden auf Wochenmärkten oder ab Hof abgesetzt.

Überschüssige Brutzwiebeln werden als Gewürz in Suppen mitgekocht. Wenn der eigene Knoblauch aus ist, werden Brutzwiebeln wie Zehen geschält (sehr mühsam!). Die Rundlinge werden nur selten im Juli ausgegraben und eingelagert, aber im späten Frühjahr, wenn die Vorjahresernte verbraucht ist, werden sie gerne herausgezogen und in der Küche verwendet. Ein Weinbauer berichtet, dass ein Fleischhauer in Kirchberg am Wagram früher die Rundlinge ausdrücklich verlangte, da die großen einzelnen Zehen leicht zu schälen und einfacher zum Verarbeiten sind.

ihres Knoblauchs und sind bemüht, ihn wieder (zum Beispiel von befreundeten Bauern) im Weingarten anzusiedeln.

Der einzige sichere Platz für den Knoblauch ist links und rechts der Weingartensteher (im Bakstal, so die Bezeichnung für den Steher und Knoblauchanbauplatz in Niederösterreich), dort erreicht ihn das Stockräumgerät nicht. Wird Unkraut per Hand bekämpft, steht er auch in den Zeilen.

Die Brutzwiebeln werden von allen Weinbauern für die Vermehrung verwendet. Die Zehen hingegen nur, wenn sie ausreichend vorhanden sind. Sie gelten „zum Stupfen" (Anbau) als zu wertvoll. Gestupft wird vom Spätsommer (vor der Weinlese) bis in den Oktober/November nach der Lese. Aus einer Brutzwiebel entwickelt sich im ersten Jahr ein sogenannter Rundling (Oanserknofl), im zweiten Fühjahr entsteht aus dem Rundling ein fertiger Knoblauch. Aus einer gestupften Zehe bildet sich bereits im ersten Frühjahr ein fertiger Knoblauchhappel. Im Juli wird der Knoblauch im Weingarten geerntet „Der Knoblauch mag den Drescher (=Mähdrescher) nicht hören", so ein Sprichwort, das den Erntezeitpunkt nicht auf einen Lostag, sondern vor den Beginn der Weizenernte legt.

Weingartenknoblauch als Feldfrucht

Etwa fünf Weingarten-Knoblauchsorten werden heute in Niederösterreich auch feldmäßig angebaut. Der Knoblauchanbau ist in Österreich generell aufgrund der hohen Produktionskosten im Vergleich zu den Ländern des Südens und Ostens kaum wirtschaftlich. Im Falle des Weingartenknoblauchs kommt der im Vergleich zu anderen Sorten geringere Ertrag erschwerend dazu. Deshalb ist der feldmäßige Anbau eines Weingartenknoblauchs ökonomisch nur sinnvoll, wenn die Konsumenten bereit sind, den heimischen Anbau und die Verwendung einer traditionellen Sorte durch einen höheren Preis abzugelten.

Das Plus im Weingarten – Weingartenpfirsich und Weingartenknoblauch

Eine moderne Knoblauchsorte unterscheidet sich vom Weingartenknoblauch durch die mehrreihig angeordneten Zehen Foto: D. Steinböck

Verwilderter Weingartenknoblauch in Hadersdorf/Kamp
Foto: B. Kajtna

Weiterführende Literatur

Tanasch L. und J. Glauninger (*1989*): Züchterische und pflanzenbauliche und phytopatologische Bearbeitung von Knoblauch zur Entwicklung leistungsfähiger Sorten und hochwertigen Saatguts. Umfassender Jahresbericht über die Versuchstätigkeiten. Universität für Bodenkultur. Wien.

Kriecherl, Pfludern, Siewerl & Co

Georg Schramayr

Neben den klassischen Steinobstarten Marillen, Zwetschken, Kirschen, Weichseln und eventuell noch Mandeln fristen die Kleinpflaumen ein regelrechtes Schattendasein. Noch vor 50 Jahren gehörte diese heterogene Obstartengruppe in jeden Obstgarten und trat in zahllosen Lokalsorten auf. Wie groß der Formenreichtum in Niederösterreich einmal gewesen sein muss, lässt sich nur an den vielen unterschiedlichen Volksnamen erahnen, die für Vertreter der Kleinpflaumen verwendet wurden.

Häufig werden die kleinfrüchtigen Pflaumenverwandten unter dem Namen „Kriecherl" zusammengefasst und der Anfangskonsonant wird in Ostösterreich so weich ausgesprochen, dass man nicht genau weiß, ob man nicht besser Griecherl schreiben sollte. Diese Denkweise vertrat auch der Benediktinermönch Candid Huber, als er um 1850 in Lilienfeld eine Xylothek zusammenstellte, der auch ein Band „Griechenpflaume" angehört. Freilich hat diese Steinobst-Formengruppe nichts mit dem ostmediterranen Raum zu tun, sondern ist durch und durch eine mitteleuropäische Schöpfung. Nach neuesten Erkenntnissen muss die Kriecherl-Verwandtschaft vor ungefähr 6000 Jahren im südmährisch-weinviertlerischen Raum spontan entstanden sein. Von der damaligen Bevölkerung erkannt und geschont, später bewusst durch Aussaat, Veredelung oder durch Wurzelbrut vermehrt, gibt es dieses Uraltobst heute noch immer. Somit gehören die Kriecherl zu den ältesten Kulturpflanzen mitteleuropäischen Ursprungs.

Namensverwirrung um Krieche, Damaszener- und St. Julienpflaume

Der Name Krieche soll sich von der indogermanischen Wortwurzel *kri* ableiten. Sie steckt in vielen scharf oder gerbsauer schmeckenden Pflanzen und ist somit entstehungsverwandt mit Kren und Kresse.

Im oberösterreichischen und Waldviertler Dialekt findet man noch gelegentlich den sehr urtümlichen Namen Kriah ohne der angehängten Verkleinerungsform. Auch im schwedischen *krikon* und dem dänischen *kræge* hat sich der Namensursprung bis heute erhalten. Einige der vielen Kriecherl-Sippen werden dieser Herleitung durch reichlich Gerb- und Fruchtsäure gerecht.

Kriecherl aus der Xylothek des Stiftes Lilienfeld Foto: H. Schmid

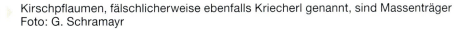

Kirschpflaumen, fälschlicherweise ebenfalls Kriecherl genannt, sind Massenträger
Foto: G. Schramayr

Kriecherl, Pfludern, Siewerl & Co

Bei den meisten „echten" Kriecherln ist der Steinkern fest mit dem Fruchtfleisch verwachsen
Foto: G. Schramayr

Im englischen Sprachraum werden die Kriecherl *damson* genannt. Das enspricht dem deutschen Namen Damaszenerpflaumen und geht davon aus, dass diese Obstart aus dem Vorderen Orient stammt. Das stimmt zwar nicht, ist aber ein klarer Hinweis darauf, dass von den Kreuzzügen auch bis dahin unbekannte Kleinpflaumen nach Europa gekommen sind. Auch der Vater der modernen Pflanzentaxonomie, Carl von Linne, hielt die Kriecherl für nicht bodenständig und vergab den wissenschaftlichen Namen „*Prunus insititia*". Das Epitheton *insititia* bedeutet dabei fremdländisch oder aufgepfropft.

In Frankreich und Belgien setzte sich im 18. Jahrhundert der Obstarten-Name „St. Julien-Pflaume" durch. Dieser Kriecherlname ist bis heute als Bezeichner für Veredelungsunterlagen gebräuchlich.

Die Kirschpflaume als heimtückischer Kriecherl-Doppelgänger

Verteilt über ganz Europa und Vorderasien existieren um die 200 Formen und Sippen der Kriechenpflaume. Noch vor 50 Jahren konnte jedes Kind die heimischen Kleinpflaumen unterscheiden und den jeweiligen regionstypischen Namen hersagen. Vor ungefähr 150 Jahren kam zu dieser Formenfülle noch eine Art dazu, die sich in vielen Merkmalen kaum von den echten Kriecherln unterschied. Es war die Kirschpflaume mit ihrem Ursprung in Anatolien, dem Balkan und dem Kaukasus. Folgerichtig wurde sie in Österreich als Türkische Pflaume bezeichnet und blieb wegen ihres nur mäßigen Aromagehaltes lange Zeit bedeutungslos.

Kirschpflaumen haben massenhaft Fruchtfall
Foto: G. Schramayr

Erst als man mit der modernen Obstkunde, der wissenschaftlichen Pomologie, die Veredelungstechniken verbesserte, kam die Kirschpflaume als Propfunterlage für Steinobstarten wieder in Mode. Kirschpflaumen-Stecklinge wachsen rasch an und auch die aufgepfropften Edelreiser zeigen eine kräftige Jugendentwicklung. Wie unvollständig die Verwachsung von Edelreis und Unterlage tatsächlich ist, zeigt die hohe Anzahl an Ausfällen im Alter von 7 bis 10 Jahren. Das plötzliche Absterben ganzer Kronenpartien wird im Volksmund als „Schlagtreffen" bezeichnet und meist bleibt nach solchen Edelreisverlusten eine vieltriebige Unterlagspflanze zurück, die durch ihre frühe Blüte und überreichen Fruchtbehang auffällt.

Auf der Suche nach besseren Unterlagspflanzen wurden zahlreiche Wildsippen der Kirschpflaume aus dem riesigen natürlichen Verbreitungsgebiet eingeführt. Der Erfolg ließ allerdings zu wünschen übrig, sodass schließlich eine bunte Formengruppe an jung eingeführten Kirschpflaumen-Wildherkünften die Obstgärten, Brachen und Straßenzeilen eroberte.

Von der Mehrheit der Bevölkerung völlig unbemerkt, kam es in den letzten Jahren zu einer kräftigen Ausbreitung der Kirschpflaumen, wobei sich die Vogelverbreitung der kleinfrüchtigen Art als effizienter Mechanismus erwies. Gleichzeitig verschwanden immer mehr echte Kriecherl wegen Überalterung der Bestände und nachlassender Wertschätzung für diese kleinen Früchte. So kommt es, dass viele Niederösterreicher inzwischen die Kirschpflaumen für Kriecherl halten. Die heillose Verwirrung wird noch dadurch vergrößert, dass der Gärtnername für die Kirschpflaume Myrobalane lautet und somit eine akustische Verwechslung mit der ähnlich klingenden Mirabelle, einer echten Kleinpflaume, gegeben ist.

Spänling und Kugelzwetschke - zwei Kriecherlbeispiele

Während der Großteil der Pflaumen-Sippschaft sich vegetativ nur sehr schwer vermehren lässt, macht der Spänling eine Ausnahme. Er lässt sich durch Wurzelbrut, Absenker und sogar durch Stecklinge von der Mutterpflanze abspanen, also entwöhnen. Die Wortwurzel span, wie sie auch in Hobelspan oder Spanferkel enthalten ist, steckt auch in unserem Spänling, der eine länglichfruchtige, mitteleuropäische Spezialität darstellt. Die Geschichte der Kriecherlverwandtschaft ist durch Namensähnlichkeiten und endlose Verwechslungen gekennzeichnet und so hat auch der Spänling einen akustischen Doppelgänger, den Spilling. Viele Gärtner, Pomologen und Baumschulisten halten die Bezeichnung Spilling irrtümlich für die hochdeutsche Schreibweise von Spänling und verwenden beide Begriffe synonym. Tatsächlich bezeichnet Spilling im Niederdeutschen einen Geiltrieb oder dicken Langtrieb und wer jemals die dünntriebigen, oft überhängenden Spänlingszweige gesehen hat, weiß, dass es sich beim Spilling um eine ganz eigenständige Formengruppe handeln muss.

Spänlinge gibt es in vielen Farben und Größen, sie gelten als ausgezeichnete Veredelungsunterlagen
Foto: G. Schramayr

Eine zweite niederösterreichische Spezialität ist die Kugelzwetschke, manchmal auch als Kuchelzwetschke bezeichnet. Mit der Hauszwetschke hat sie nur wenig gemeinsam. Im oberen Schmidatal und um Hollabrunn war die Kuchelzwetschke fixer Bestandteil des bäuerlichen Obstgartens. In der Küche waren die Kugelzwetschken wesentlich besser geeignet als die sauerkochenden Hauszwetschken, außerdem blühen die beiden Obstarten nicht gleichzeitig und sind bei ungünstiger Witterung zur Blütezeit nicht gemeinsam betroffen. Taxonomisch sind die Kugelzwetschken saubere Kriecherl mit flaumig behaarten jüngsten Trieben, Zwillingsblüten und charakteristischem Steinkern.

Kerne lügen nicht

Die sortenkundliche Aufarbeitung der Kriecherlverwandtschaft hat den Obstkundlern und Botanikern von jeher große Schwierigkeiten bereitet. Verantwortlich dafür ist die geringe morphologische Variabilität der Früchte, der geringe taxonomische Wert der Fruchtfarbe und die kurze Haltbarkeit der vollreifen Früchte. Während man die reifen Früchte verschiedener Kriecherl-Herkünfte nur selten direkt miteinander vergleichen kann, halten die Steinkerne ihre charakteristische Form über Jahrzehnte. Schon der große österreichische Pflaumenkenner Georg Liegel aus Braunau (1777 bis 1861) erkannte im Steinkern ein wichtiges Bestimmungshilfsmittel und der oberösterreichische Agrarbotaniker Werneck stellte auf der Basis der Steinkerne sogar einen detaillierten Bestimmungsschlüssel zu oberösterreichischen Kriecherlformen auf. Der Steinkern ist schon sehr früh ausdifferenziert und ändert seine Form auch bei extremen Witterungsschwankungen nicht mehr.

Ein besonderes formenkundliches Merkmal ist auf der Rückenlinie des Steinkernes zu finden. In die Fachliteratur ist es unter der Bezeichnung „Fischgrätmuster" eingegangen. Es ist der Negativabdruck der Gefäßbündel, die den jungen Steinkern versorgt haben und von der Rückennaht nach den Seiten wegstreifen. Die Kirschpflaumengruppe zeigt dieses Merkmal nie.

Unterscheidungshilfe zwischen der Kirschpflaumengruppe und der Kriecherlgruppe

Kirschpflaume (*Prunus cerasifera*-Gruppe)	Merkmal	Kriecherl (*Prunus insititia*-Gruppe)
stark überhängender Großstrauch, selten auch baumförmig; fast immer vieltriebig (mehrstämmig) aber ohne Ausläufer (keine Wurzelbrut!)	Habitus	straff aufrechter Großstrauch, häufig auch baumförmig; neigt zu Wurzelbrut, oft ganze Kolonien bildend, dann als Hecke von gleichartigen Pflanzen auftretend

sehr dünn und glänzend, immer kahl (oft sonnseitig gerötet, schattseitig grasgrün)	Langtriebe	mäßig dünn (2 bis 3 Mal so dick wie der Blattstiel); meist behaart (vielfach pelzig-samtig), zumindest aber matt

sehr klein bis klein, besonders an den Kurztrieben; gegen das Ende des Langtriebes größer, immer aber unter 5 cm Blattlänge; papierartig dünn, Adern nur wenig hervortretend; an der Mittelrippe (besonders bei jungen Blättern) weißer Haarfilz!	Blätter	klein bis mittelgroß, oft deutlich länger als 5 cm; ledrig derb, oberseits mit eingesenktem Adernsystem, dadurch runzelig wirkend, unterseits mit erhabenen Adern, die meist auf der ganzen Länge behaart sind

3 typische Farben: kirschrot, blauviolett und gelb; Fruchtfleisch unter der Haut und nahe des Kernes sauer, sonst wässrig fade schmeckend	**Früchte**	vielformig und vielfarbig mit auffallender Größenvarianz, häufig zwetschkenfarbig blau mit graublauer Bereifung; wohlschmeckend, ringlottenartig, selten zwetschkenartig

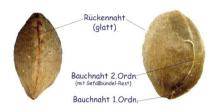 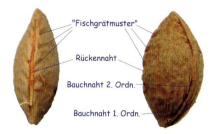

kirschenartig glatt (trockene Kerne!), an der Rückennaht kein Fischgrätmuster	**Steinkerne**	runzelig- grubig (oft erst nach dem Trocknen), an der Rückennaht Fischgrätmuster, dadurch schartig wirkend
Juni bis Juli mit einzelnen nachreifenden Kultivaren	**Reife**	ab August mit einzelnen nachreifenden Kultivaren (bis Oktober)
sehr dünn (0,5 bis 0,7 mm); kahl	**Fruchtstiel**	mäßig dünn (0,7 bis 1,2 mm); meist samtartig behaart (Lupe!)

Kleinpflaumen-Kollektion aus den Bauerngärten des Niederösterreichischen Zentralraumes: Weinkriecherl, Spänlinge, Roßbauken, Pflundern und Mirabellen Foto: G. Schramayr

Wurzelbrut, die Untugend der Kriecherlpflanzen

Bei vergreisten Kriecherlpflanzen ist ein eigenartiges Phänomen zu beobachten. Mit nachlassender Vitalität der Pflanzen beginnen die Kriecherl aus flach streichenden Wurzeln Langtriebe zu schießen, die vorerst fast keine Feinwurzeln besitzen und sich aus dem Gesamtwurzelsystem der Pflanze versorgen. Aus einzelnen Bäumen können so bis zu 100-triebige Gehölzinseln entstehen, deren Einzelpflanzen alle genetisch ident sind. Über die Wurzelbrut wurden früher die einzelnen Lokalsippen der Kriecherl systematisch vermehrt und zum Beispiel als Veredelungsunterlage verwendet. Das Phänomen ist auch von der Zwetschke bekannt. Wenn der Mutterbaum erst einmal in diese Wuchsphase eingetreten ist, kann der Prozess kaum mehr gestoppt werden. Wegschneiden oder Wegmähen der aus dem Boden brechenden Triebe verstärkt sogar noch die Tendenz zur Wurzelbrutbildung.

Aussterbendes Namensgut

Der stärkste Rückgang der heimischen wurzelechten Klein- und Primitivpflaumen fand in den 60er und 70er Jahren des vorigen Jahrhunderts statt. Mit dem Verschwinden dieser Steinobstformen ist gleichzeitig auch eine Vielfalt origineller Volksnamen verloren gegangen, denn das bäuerliche Primitivobst hat im Laufe der Jahre von seinen Besitzern und Züchtern sehr lokalspezifische Namen erhalten: Spänling, Rossbauken, Kriecherl, Siewerl, Bidling, Pemsen, Punzen, Pfludern, Ziberln, Zwispitz und so weiter sind traditionelle Bezeichnungen, die heute zunehmend aus dem Wortschatz verschwinden. Dazu kommen die

[1] Kriecherl aus dem Schmidatal
[2] Gölsentaler Weinkriecherl
[3] Rosswampe, Rossbauke oder Rossbauch ist der alte, kaum mehr geläufige Name für diese großfruchtige Steinobstsorte
[4] Die gelbfleischigen Pfludern stehen geschmacklich und systemisch den Ringlotten sehr nahe, sind meist aber deutlich kleiner

Fotos: G. Schramayr

Kriecherl, Pfludern, Siewerl & Co

Foto: G. Schramayr

Kriecherl mit Farbattributen: Gelbkriecherl, Blaukriecherl, Rotkriecherl, Weinkriecherl etc. Es ist ein Verdienst des oberösterreichischen Agrarbotanikers Werneck, der eine Vielzahl an Namen niederschrieb und so für die Nachwelt konservierte.

Weiterführende Literatur

Körber-Grohne, U. (1996): Pflaumen, Kirschpflaumen, Schlehen. Stuttgart.

Röder, K. (1939): Sortenkundliche Untersuchungen an Prunus domestica. Halle und Berlin: Kühn-Archiv, Band 54.

Werneck, H. (1960): Die wurzel- und kernechten Stammformen der Pflaumen in Oberösterreich. Unter Zugrundelegung des römischen Obstweihefundes von Linz/Donau. Linz: Eigenverlag

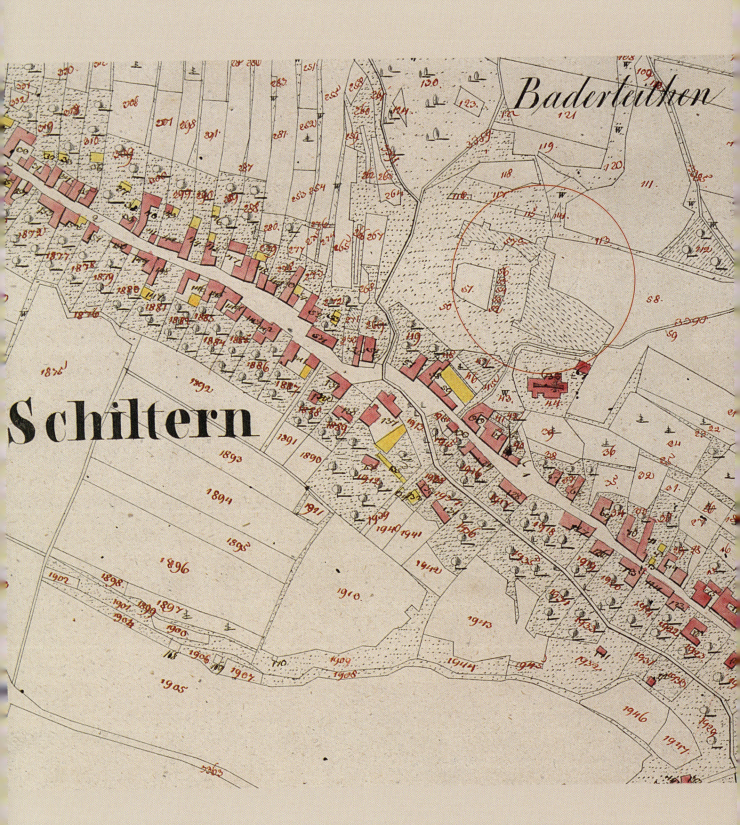

Gemeinschaftsgärten mit Geschichte: Die Pflanzsteige von Schiltern

Andrea Heistinger

Der kleine Ort Schiltern bei Langenlois ist in den letzten Jahren als Gartendorf bekannt geworden. Mitten im Ort und doch etwas im Verborgenen liegt eine kleine Gartenanlage, die zunächst wenig spektakulär erscheint: Die Pflanzsteige. Es sind die Gemeinschaftsgärten des Ortes. Pflanzsteige hat es in Niederösterreich, aber auch im Burgenland in vielen Dörfern gegeben. Mittlerweile sind die Pflanzsteige in Schiltern eine der wenigen erhaltenen Pflanzsteige in Niederösterreich. Sie werden von vielen Menschen genutzt: zum Anbau von Gemüse, Beeren und Blumen. Auf den ersten Blick lassen sich die Pflanzsteige in keine bekannten Garten-Kategorien einordnen. Fragt man in Schiltern nach, um welche Gärten es sich hier handelt, erhält man rasch eine Antwort: Das sind die „Pflanzsteige". Die habe es „immer schon" gegeben, heißt es, und eigentlich „gehöre zu jedem Haus eine Pflanzsteige". Auf den ersten Blick ist auch nicht erkennbar, ob es sich bei den Pflanzsteigen um einzelne Grundstücksparzellen handelt, oder um eine große Parzelle, für deren Bewirtschaftung einzelne Nutzungsrechte vergeben sind. Erst beim Blick in den Katasterplan von Schiltern wird ersichtlich, dass die Fläche sehr kleinteilig strukturiert ist.[1]

Zur Geschichte dieser Gartenform

Die Landnutzungsform Pflanzsteige reicht mindestens bis ins Mittelalter zurück. Das Deutsche Rechtswörterbuch[2] beschreibt Pflanzsteige als „bis zur Ernte ausgegebener Teil des Gemeindelandes, auf dem Gemeindemitglieder Obst oder Gemüse anbauen dürfen". Diese Definition ist insofern interessant, als es sich hier nicht um Privateigentum, sondern um Nutzungsrechte handelt, die von der Gemeinde vergeben werden. Als Quelle wird ein Zitat aus den Niederösterreichischen Weisthümern (Wien 1896) angegeben, welches die Nutzung der Pflanzsteige im 16. Jahrhundert so beschreibt: *„wo über kurz oder lang unser burger ainer auf der gemain ain pflanzsteig aufmacht, als lang er dieselben hat mag er ir wohl genießen, doch nit verkaufen; leut si aber ain jar eed, mag si ain ander nachber wol einziehen und befriden."* Die Pflanzsteige dürfen also solange genutzt werden, als sie auch bebaut werden. Wird ein Jahr lang die Pflanzsteige nicht bebaut, verfällt das Nutzungsrecht und kann an einen anderen Bewohner des Ortes vergeben werden.

Ein weiteres Zitat aus den Niederösterreichischen Weisthümern aus dem Jahr 1613 beschreibt weitere Nutzungsregeln: *„die so grünt und pflanzsteig haben auf der gemain, die sollen mit den zeun zu den sunnwenten füder geraumbt sein"*.[3] Dieses Zitat gibt einen Hinweis, dass durchaus Zäune zwischen oder rund um die Pflanzsteig-Parzellen bis zur Sommer-Sonnenwende entfernt sein mussten. Diese Regelung lässt den Schluss zu, dass die Pflanzsteige nach der Sommer-Sonnenwende nicht mehr für den Anbau von Gemüse genutzt wurden, und bestätigt historische Beschreibungen der Pflanzsteige von Schiltern sowie Aussagen von GesprächspartnerInnen aus Schiltern, dass die Pflanzsteige zum Anbau von Jungpflanzen für die Gemüseäcker genutzt wurden. Die Regelung, dass die Zäune bis zur Sommer-Sonnenwende entfernt sein mussten, lässt auch den Schluss zu, dass die Flächen danach beweidet wurden.

Das Landnutzungsphänomen Pflanzsteige wurde in agrarhistorischen Forschungen bislang nicht do-

---

[1] Die Recherchen wurden im Auftrag der Gartenfestival Organisations GmbH von Andrea Heistinger, Gebhard Kofler, Karin Standler und Robert Froschauer im Rahmen des Festivals der Gärten im Jahr 2006 durchgeführt
[2] http://www.rzuser.uni-heidelberg.de/~cd2/drw/e/pf/lanz/stei/pflanzsteig.htm 20.9.2006
[3] ebenda

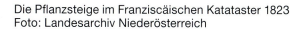

Die Pflanzsteige im Franziscäischen Kataster 1823
Foto: Landesarchiv Niederösterreich

Gemeinschaftsgärten mit Geschichte: Die Pflanzsteige von Schiltern

Pflanzsteige im aktuellen Katasterplan von Schiltern Foto: Land Niederösterreich

kumentiert. Bei Recherchen im Internet stößt man immer wieder auf den Begriff, wobei sich dieser auf Websites aus den Bundesländern Niederösterreich und Burgenland beschränkt.

Der Begriff Pflanzsteige oder auch Pflanzsteig taucht hier in Flur- oder Straßennamen, Dorfchroniken, Chroniken einzelner Häuser oder in Gemeinde-Amtsblättern auf. In Niederösterreich wurden Hinweise auf Pflanzsteige in den Bezirken Krems, Baden, Horn, Wiener Neustadt, Scheibbs und Mannersdorf gefunden. Im Burgenland in den Bezirken Eisenstadt und Mattersburg.

Die Schiltener Pflanzsteige

Die Pflanzsteige in Schiltern sind eine Gartenanlage, die direkt neben Friedhof und Kirche angelegt ist. Markante Kulisse der Pflanzsteige ist die Zorimauer. Sie gilt als erste Burganlage in Schiltern. Die Pflanzsteige bestehen aus zwei Teilen: Der vordere, südlich gelegene Bereich grenzt direkt an den Parkplatz des Friedhofs an. Er ist eben, hier sind viele Beete bewirtschaftet. Der hintere, nach Nordwesten ausgerichtete Teil der Pflanzsteige ist terrassiert und großteils verbracht und verbuscht. Gegenwärtig nutzen neun Familien

Gemeinschaftsgärten mit Geschichte: Die Pflanzsteige von Schiltern

aus Schiltern die Fläche, gemeinsam kultivieren sie 30 Beete. Ein Beet wird von den Schülern der dritten und vierten Schulstufe der Volksschule Schiltern genutzt. Die Pflanzsteige werden in erster Linie zum Anbau von Gemüse genutzt: Gemüsezwiebel, Buschbohnen und Karotten sind die häufigsten Gemüsearten. Doch auch viele andere Gemüse, Zierpflanzen, Beeren und vereinzelt Obstbäume wachsen hier, sowie einige Kulturarten, die traditionell auf Äckern wie Erdäpfel – oder in den Weingärten wie Weingarten-Knoblauch – angebaut wurden. Die tatsächliche Aufteilung der Pflanzsteige weicht von der im Katasterplan ab. Da viele Pflanzsteige nicht mehr bewirtschaftet werden, haben die Familien, die noch Pflanzsteige nutzen, ihre Beete mit den aufgelassenen Beeten zusammengelegt und ihre Anbaufläche so vergrößert. Insgesamt sind im Grundstücksplan 130 Pflanzsteige eingezeichnet. Die kleinste Pflanzsteige ist im Grundstücksverzeichnis mit 14 m², die größte mit 144 m² verzeichnet. Die Pflanzsteige sind im Durchschnitt 42,25 m² groß. Die Gesamtfläche beträgt 5.622 m².

Im Rahmen der kleinen Pflanzsteig-Recherche in Schiltern haben wir strukturierte Leitfadeninterviews mit zehn Frauen und Männern zur Kulturgeschichte der Pflanzsteige von Schiltern geführt. Die Erinnerungen der ältesten GesprächspartnerInnen reichen zurück bis Anfang der 1930er Jahre. Wann die Pflanzsteige genau entstanden sind, beziehungsweise wie weit die Geschichte der Pflanzsteige zurückreicht, konnte keine/r der GesprächspartnerInnen beantworten. Kein/e GesprächspartnerIn kannte Pflanzsteige in anderen Orten. Auf die Frage, warum die Pflanzsteige an dieser Stelle liegen, wurden verschiedene Erklärungen gegeben: Einig waren sich die GesprächspartnerInnen, dass der Boden hier besonders günstig sei. Die meisten Lagen in Schiltern hätten eine lehmige Erde, die Erde der Pflanzsteige hingegen sei sandig. Dies sei im Frühjahr ein Vorteil, da sich der Boden rascher erwärme und Jungpflanzen früher als an anderen Orten ausgesät werden können. Die traditionelle Nutzung der Pflanzsteige, die in den Gesprächen überliefert wurde, bestätigt die Angaben in den Chroniken, dass die Pflanzsteige in erster Linie zum Anbau von Jungpflanzen dienten. Danach wurden viele Steige für den Anbau von Erdäpfeln und Buschbohnen genutzt. Die Nutzung als Gemüsegärten dürfte historisch nicht so alt sein und erstmals in der Zwischenkriegszeit eine größere Bedeutung erlangt haben.

Die von Anton Hrodegh im Jahr 1919 veröffentlichte Chronik „Aus der fernen Vergangenheit von Langenlois und dem südöstlichen Waldviertel" beschreibt den Hügel, auf dem die Zorimauer, Kirche und Friedhof, sowie die Pflanzsteige angelegt sind als „Hausberg von Schiltern"[4], er beschreibt ihn als Ort, an dem

Im Straßendorf stehen die Häuser dicht aneinander, bei vielen Häusern ist daher kein Platz für einen Gemüsegarten Foto: A. Heistinger

Einrichtungen der Gemeinde angelegt sind: *„alle dem öffentlichen Gemeinwohle dienenden Gebäude wie Kirche, Gemeindehaus und Schule sich um dieselbe [die Zorimauer] gruppieren, ferner auch daraus, dass sich anschließend an die Zorimauer die sogenannten ‚Pflanzsteigen' befinden, welche einen Komplex kleiner Äckerchen darstellt, die zu den ältesten Bürgerhäusern des Ortes gehören"*. Die Pflanzsteige beschreibt Hrodegh folgendermaßen: *„Der phlanstic, weiblich die stige, war im Mittelalter ein Stück Gemeingrund, der für die Bürger des Ortes in kleine Flecken parzelliert war; daher der Name stic = Steig. Jeder Bürger hatte sein kleines Beet, auf dem er im Frühjahr Krautsamen säte und ‚Pflanzen' zog. Im Mai, Juni setzte man die*

[4] Hrodegh 1919:18

Gemeinschaftsgärten mit Geschichte: Die Pflanzsteige von Schiltern

Pflänzlein aus der ‚Pflanzsteigen' auf die Krautäcker aus."[5] Der Franziscäische Kataster der Gemeinde Schiltern liegt im Landesarchiv des Landes Niederösterreich in St. Pölten auf. Die Pflanzsteige sind darin als zusammenhängende Fläche, die als Gemüsegarten markiert ist, kartiert. Aus dem Plan selbst ist keine Parzellierung erkennbar. Sehr wohl aber in den Operaten, dem zugehörenden Register, das 102 einzelne Parzellen anführt. Alle Eigentümer wohnen in Schiltern, auch ihr Berufsstand ist angeführt. Aus diesen Angaben ist ersichtlich, dass nicht nur Bauern über eine Pflanzsteige verfügten, sondern auch Handwerker, Häusler, Inwohner, sowie der Graf und die Pfarre Schiltern. Insgesamt gab es im Jahre 1823 98 Besitzer, wobei die Bauern im Durchschnitt größere Pflanzsteige hatten als Handwerker, Inwohner und Häusler (siehe Tabelle). Interessant ist zudem, dass bereits im Jahr 1823 den Aufzeichnungen zufolge nicht zu jedem Haus eine Pflanzsteige gehörte. Insgesamt gehört zu 98 von 166 Häusern in Schiltern eine Pflanzsteige. Die bei Anton Hrodegh angeführte Überlieferung, dass „zu den ältesten Bürgerhäusern" ein Pflanzsteig gehöre, wird hier bestätigt. Neu angelegte Häuser erhielten den Quellen zufolge keine neuen Pflanzsteige beziehungsweise wurden die bestehenden Parzellen nicht bei Errichtung eines neuen Hauses neu aufgeteilt oder die Fläche insgesamt erweitert.

Die Pflanzsteige – Vorbild für neue Gemeinschaftsgärten?

Gegenwärtig haben die Pflanzsteige in Schiltern laut Grundbuchauszug 130 Eigentümer. Diese hohe Anzahl ist vermutlich auch der Grund, dass die Gartenanlage – anders als in anderen Ortschaften – erhalten blieb: Mitte der 1990er Jahre gab es Bestrebungen, die Pflanzsteige aufzulassen und in einen Parkplatz für Friedhof und Kirche umzuwandeln. Dies scheiterte daran, dass Eigentümer einzelner Pflanzsteige sich gegen eine Umwidmung aussprachen. Informell gibt es einen Kreis von NutzerInnen, die zum Teil selber im Grundbuch keine eigene Parzelle besitzen. Diese Kombination von fixen, grundbücherlich verankerten Eigentumsverhältnissen und sozialen Regeln, wer welche und wieviele Beete nutzt, ermöglicht gleichzeitig einen flexiblen Umgang und gewährt andererseits den Fortbestand der Pflanzsteige. So konnten die Pflanzsteige erhalten bleiben, bis zum gegenwärtigen Zeitpunkt, wo diese Form der Gartennutzung wieder auf breiteres Interesse gestoßen ist.

Verteilung der Pflanzsteige von Schiltern nach Berufsstand im Jahre 1823

Berufstand	Anzahl	Durchschnittliche Größe in m²
Bauern	70	50 m²
Handwerker	12	36 m²
Graf Ignaz Fuchs	1	Summe der Parzellen: 258 m²
Pfarre Schiltern	1	Summe der Parzellen: 162 m²
Häusler	11	27 m²
Inwohner	3	31 m²

Die einzelnen Pflanzsteige grenzen zaunlos aneineinander
Foto: A. Heistinger

[5] Hrodegh 1919:45-46.

Gemeinschaftsgärten mit Geschichte: Die Pflanzsteige von Schiltern

Moderne Gemeinschaftsgärten in den USA: Danny Woo Community Garden, Seattle Foto: en.wickipedia.org

People´s Garden, Cincinnati Foto: cincinnati.com

Weiterführende Literatur

BIEDERMANN, STEPHAN (*1934*): Schiltern, seine Herrschafts-, Pfarr- und Marktgeschichte, Pressvereinsdruckerei St.Pölten.

HRODEGH, ANTON (*1919*): Aus der fernen Vergangenheit von Langenlois und dem südöstlichen Waldviertel. Verlag des Dürerbundes in Langenlois.

WINTER, GUSTAV (Im Auftrag der Kaiserlichen Akademie der Wissenschaften) (*1896*): Niederösterreichische Weistümer VIII. Das Viertel ob und unter dem Mannhartsberge.

http://www.rzuser.uni-heidelberg.de/~cd2/drw/e/pf/lanz/stei/pflanzsteig.htm 20.9.2006

FRANZISCÄISCHER KATASTER AUS DEM JAHR 1823, Niederösterreichisches Landesarchiv St.Pölten

Ribisel und Stachelbeeren als Weinersatzkultur

Andrea Gruber-Keil

Beerenobst – von der Zwischenfrucht zur Hauptfrucht

An den nördlichen Wienerwaldabhängen wurde seit alters her Weinbau in Kombination mit Obstbau betrieben. Jedoch erlitt der Weinbau Ende des 19. Jahrhunderts einen schweren Einbruch. Die Reblaus, ein bis dahin unbekannter tierischer Schädling, wurde 1867 mit amerikanischen Reben eingeschleppt und richtete in den darauffolgenden Jahren in den heimischen Weingärten verheerende Schäden an. Die Weinbauern waren gezwungen, neue Erwerbsquellen zu erschließen und fanden schließlich in der Ribisel- und Stachelbeerkultur eine geeignete Alternative.

Ribisel und Stachelbeeren, welche bisher nur als Nebenkultur zum Wein galten und auf den weniger günstigen Lagen ausgepflanzt waren, erlebten nun durch Auspflanzungen in den zerstörten Weingärten einen wahren Aufschwung. Die Weinbauern begannen mit der Züchtung lokaler Ribisel- und Stachelbeersorten und pflanzten neue Selektionen wie die „Kritzendorfer Ribisel" oder die Stachelbeere „Greifensteiner Rote" im Gebiet vermehrt aus. In jenen wirtschaftlich schwierigen Zeiten fand sich bald in jedem Kleingarten Beerenobst, das für den Eigenverbrauch verwertet oder verkauft wurde. Nach einigen Jahren wurden bereits große Flächen sehr erfolgreich mit Johannis- und Stachelbeeren kultiviert. Hauptproduzenten bei Stachelbeeren waren die Gemeinden Höflein, Greifenstein und Altenberg. Im Jahr 1939 betrug die Jahresernte an Stachelbeeren allein in Höflein 25.000 kg. Die Strauchbestände von Johannis- und Stachelbeeren betrugen im Jahr 1934 in den Kammerbezirken Tulln und Klosterneuburg mehr als eine Million Sträucher.

▶▶▶▶ Ribisel
Foto: Arche Noah

Die lokalen Beerenobstsorten

Eine sehr alte Stachelbeersorte, die rund um Greifenstein stark verbreitet war, fand aufgrund ihrer Eigenschaften besonderen Zuspruch. Das Besondere dieser Sorte ist die glatte Fruchtschale (Stachelbeere ohne Stacheln!) und die sehr schöne rosa Färbung. Die Stachelbeeren aus Greifenstein waren bei der Wiener Kundschaft sehr beliebt, da sie besonders zum Einkochen geeignet waren. Am Wiener Markt wurde die Sorte nach ihrer Herkunft als „Greifensteiner Rote" gehandelt. Die Lokalsorte ist heute in Vergessenheit geraten und gilt als Rarität.

Die Lokalsorte „Kritzendorfer Ribisel" breitete sich um 1850 in der Region um Kritzendorf aus. Die langtraubige Sorte mit ihren großen Früchten unterschied sich deutlich von der damals in der Gemeinde kultivierten „Weißstieler", einer kleinfrüchtigen Sorte. In der Obst- und Weinbauschule in Klosterneuburg wurde man bald auf die beliebte Johannisbeere auf-

Verkauf von Kritzendorfer Ribiselwein der Familie Preisecker in Wien um 1930

Ribisel und Stachelbeeren als Weinersatzkultur

Ribiselanbau in Kritzendorf um 1908

merksam und die „wälischen Ribisel", wie sie auch von den Einheimischen genannt wurde, wurde in der Baumschule aufgenommen und vermehrt. Am Wiener Markt war die aromatische Ribisel als Tafelfrucht sehr begehrt und wurde als „Kritzendorfer Ribisel" gehandelt. Der Ribiselanbau nahm durch den Niedergang des Weinbaus nach und nach immer größere Ausmaße an und entwickelte sich schließlich zu einem Hauptwirtschaftszweig. Von Kritzendorf ausgehend breiteten sich die Ribiselgärten an den Wienerwaldhängen bis nach Traismauer aus.

Ribiselwein als Verwertungsmöglichkeit

Im Laufe der 1920er und 1930er Jahre wurden bald riesige Mengen Beerenobst erzeugt, die nicht mehr am Frischmarkt abgesetzt werden konnten. Um 1940 fielen im Gebiet von Klosterneuburg bis Königstetten allein an Ribiseln durchschnittlich 650.000 kg pro Jahr an. Eine rentable Verwertungsmöglichkeit der Johannisbeeren – größtenteils handelte es sich um die Kritzendorfer Ribisel – fand man schließlich in der Erzeugung von Saft und Wein. Josef Preisecker, Gastwirt aus Kritzendorf, machte die Erzeugung von Ribiselwein bekannt und legte damit den Grundstein für eine neue Einkommensquelle für die gesamte Region.

In den Folgejahren entstanden zahlreiche Beerenobstverwertungen, die sich auf die Verarbeitung und den Verkauf von Ribiselwein und Beerensäften spezialisierten. Als 1934 eine besonders gute Ribiselernte zu verwerten war, begann ein Kaufmann in einer Nachbargemeinde von Königstetten mit der Herstellung von Ribiselwein und setzte damit den Grundstein für einen bis heute bestehenden Obstsäfte-Betrieb. Die Ausschank von Ribiselwein war in den Buschenschänken verboten. Die gewitzten Winzer errichteten in der Folge zahlreiche Ribiselheurige, von denen einige wenige noch heute existieren. Kritzendorf und Königstetten waren die Zentren des Ribiselanbaus und verarbeiteten große Mengen an Ribiselwein. Besonders im Sommerfrischeort Kritzendorf war die Nachfrage nach Ribiselwein sehr groß. Der süffige Wein kam vor allem bei Sommerfrischlern und Gästen vom Strandbad gut an und fand reißenden Absatz. Das Getränk fand bald überregionalen Absatz: Die Wiener Gastwirte wurden regelmäßig mit Ribiselwein beliefert, die Zustellungen gingen bis nach Westösterreich, vereinzelt sogar nach Übersee.

Niedergang des Beerenobstanbaus

Das Beerenobst, das seinen Aufschwung der eingeschleppten Reblaus verdankte, fiel Jahre später selbst einem Schädling zum Opfer. Der amerikanische Stachelbeer-Mehltau breitete sich ab 1905 in der Region aus und vernichtete den Großteil der Stachelbeeranlagen.

In Greifenstein, einem Zentrum des Stachelbeeranbaues, wurde die niederösterreichische Landesbeerenobstanlage errichtet, wo unter anderem nach resistenten Sorten gegen den Schädling gesucht wurde. Im Jahre 1919 waren in der Anlage 116 Stachelbeersorten in Erprobung. Trotz zahlreicher Versuche wurde der Großteil der Stachelbeeranlagen durch den Schädling vernichtet. Die Johannisbeerkulturen konnten sich zwar länger halten, gerieten aber durch das Aufkommen der San José-Schildlaus unter Druck. Um 1930 war der aus Amerika eingeschleppte Schädling sehr stark verbreitet und vernichtete zahlreiche Ribiselgründe. Trotz der Aufforderung zu strengen und radikalen Bekämpfungsmaßnahmen gingen die zumeist schon überalterten Ribiselstöcke zugrunde.

Die aufwändige Handarbeit bei der Bewirtschaftung der Beerenkulturen war ein weiterer Grund, der zur Rodung zahlreicher Ribiselbestände führte. Die ehemals großflächigen Beerenobstanlagen sind heute nur noch in Restbeständen vorhanden. Die verbliebenen Ribiselgründe werden durch die stärker werdende Siedlungstätigkeit Jahr für Jahr gerodet oder verbrachen. Die Lokalsorte „Kritzendorfer Ribisel" erlitt mit der Züchtung neuer großtraubiger Johannisbeersorten einen Rückschlag.

Verkauf der Ribiselstauden 2007 Foto: A. Gruber

Letzte Refugien der Lokalsorten

In Kritzendorf, dem ehemaligen Hauptanbaugebiet der Kritzendorfer Ribisel, gibt es heute nur noch wenige Stöcke in Privatgärten. Der größte erhaltene Ribiselgrund befindet sich in Altenberg und wird vom einzigen, im Ort noch bestehenden Wein- und Obstbaubetrieb bewirtschaftet. Von hier stammen die Kritzendorfer Ribisel, die bis heute am Wiener Naschmarkt verkauft werden. Um die Erhaltung der Lokalsorte „Kritzendorfer Ribisel" weiterhin zu garantieren, wurde diese in Kooperation mit regionalen Baumschulen in die Vermehrung genommen. Hobbygärtner können seit den letzten 5 Jahren beim jährlich stattfindenden Obstblütenfest des Kritzendorfer Winzerverbands Sträucher dieser traditionsreichen Sorte erstehen.

Weiterführende Literatur

Reiterer R. u. Gruber A. (*2003*): Obstgeschichten aus dem Wienerwald

Ölpflanzenbau und Speiseölherstellung in Niederösterreich

Helmut Reiner

Olivenöl an der Donau

Im Römischen Weltreich waren Weizen und Olivenöl der Grundstein des Reichtums. Die Römer hatten stets versucht, ihre Kulturpflanzen auch nördlich der Alpen anzubauen. Bei vielen Pflanzen waren sie damit erfolgreich – beim Ölbaum blieb ihnen der Erfolg jedoch versagt. So mussten die römischen Kolonisten ihr Olivenöl in großen Krügen beziehen, die über die Alpen nach Norden gebracht wurden. Schließlich war Olivenöl nicht nur als Lebensmittel, sondern auch als Grundlage für Salben und für die Öllämpchen in Gebrauch. An der Nordgrenze des Reiches konnte man keine anderen Ölpflanzen nutzen.

Dieser Beitrag zeigt auf, warum es über viele Jahrhunderte so schwierig war, auf dem Gebiet des heutigen Niederösterreich die Versorgung mit Pflanzenölen aus den heimischen Ölpflanzen sicher zu stellen. Die Antwort findet man in der Warenkunde der Ölpflanzen und in der Technik-Geschichte der Ölgewinnung. Heute sind diese technischen Fragen gelöst – jedoch kommen neue sozioökonomische Themen in Zusammenhang mit Ölpflanzen und Pflanzenölen hinzu: Essen wir nicht zu viel Öl und Fett? Ist es ethisch vertretbar, Pflanzenöl in die Tanks unserer Autos und Fahrzeuge zu füllen? Sollten wird nicht stattdessen gutes Speiseöl der verschiedensten Ölpflanzen aus heimischem Anbau und heimischer Verarbeitung wieder mehr genießen und schätzen lernen?

Warenkunde der Ölsaaten

Die Früchte des Ölbaumes (*Olea europaea*) enthalten in einem wässrigen Fruchtfleisch kleine Öltröpfchen, man spricht von Fruchtfleischöl. Presst man solche ölhältigen Früchte, die einen sehr hohen Wassergehalt von etwa 75 Prozent haben, so erhält man eine Flüssigkeit, aus der sich erst nach dem Lagern in Fässern oder Wannen das Öl oben absetzt.

Alle Ölpflanzen unserer Breiten enthalten das Öl jedoch in ihren Samen, man spricht daher von Samenöl. Es dient dort als Reservestoff für die Keimkraft nach einem langen Winter. Die kleinen Öltröpfchen sind eingelagert in die beiden Blätter des Keimlings. Aber diese Samen sind trocken und haben einen Wassergehalt von nur 8 Prozent. Werden solche Samen fein geschrotet, etwas erwärmt und gepresst, so lässt sich das Öl rein gewinnen. Die technischen Schwierigkeiten dabei sind die Ursache, dass die Samenöle in früheren Zeiten nicht effektiv genutzt werden konnten.

Sonnenblume Foto: R. Kichler

Mohnblüte in Niederösterreich
Foto: R. Kichler

Wertvolles Öl

Öl war daher in unserem Lande besonders wertvoll. Als das Christentum an die Donau kam, musste das Öl für den liturgischen Gebrauch aus dem Süden bezogen werden. Die Legende vom Ölwunder des Heiligen Severin lässt uns die Wertschätzung des Öles im 5. Jahrhundert n. Chr. erahnen: *„Dann begann der Heilige Severin eigenhändig das Öl den Dienern einzufüllen, und in den Spuren des Erlösers wandelnd, freute er sich, wie der Stoff sich vermehrte. Denn obwohl die Gefäße der Armen voll wurden, war es in den Händen der Diener nicht weniger geworden."*

Pflanzliche und tierische Öle waren im Mittelalter „Apothekerware". Eine Liste von Drogen aus dem Jahr 1432 enthält Olivenöl, das damals Baumöl hieß. Kaiser Friedrich III bemerkt in seinem Tagebuch 1463: *„Item hab ich zu Venedig ein centen pembol (Baumöl) kauft umb 6 Gulden."* In Apotheken konnte man Öl von süßen und bitteren Mandeln kaufen. Auch der Talg und das Schmalz der verschiedensten Tiere waren sehr begehrt.

Unsere ältesten Ölsaaten

Die älteste ölreiche Pflanze im Gebiet des heutigen Niederösterreich ist die Haselnuss (*Corylus avellana*), denn nach der Eiszeit wuchs dieser windblütige Strauch wild auf weiten Flächen. Haselnüsse wurden von den Menschen des Steinzeitalters gegessen. Auch in den ersten Siedlungen des Alpenvorlandes sind Haselnüsse als Nahrungsmittel nachgewiesen.

Lein und Mohn sind alte Kulturpflanzen, wurden aber nicht als "Ölpflanzen" in unserem heutigen Sinn gesehen, sondern einfach als nahrhafte, gut schmeckende Zutaten. An den ungesättigten Fettsäuren hatten die Steinzeitmenschen jedenfalls keinen Mangel, da auch die Getreidekörner einen Keimling haben, der relativ viel Öl enthält.

Leinsaat (*Linum usitatissimum*) war ein Nebenprodukt der Gewinnung von Leinfaser. Als wichtigste Pflanzenfaser wurde sie häufig angebaut. Im Mittelalter gelangten Gebiete mit der Erzeugung von Leinfaser und Leinwand zu Reichtum. In Rastenfeld wird heute in einer Schwunganlage Lein vom Feld bis zur Faser veredelt. Auch Hanf (*Cannabis sativa*) wurde in ähnlicher Weise als Faserpflanze und auch als Ölpflanze genutzt. Die Gemeinde Hanftal im nördlichen Weinviertel knüpft an diese alte Tradition an.

Besondere Bekanntheit hat der Waldviertler Mohn (*Papaver somniferum*) erlangt. Auch hier wird eher der ganze Samen für gute Mehlspeis- und Konditorrezepte geschätzt. Im Stift Zwettl wird der Mohn schon seit der zweiten Hälfte des 13. Jahrhunderts als Heilpflanze und sicher auch als Ölpflanze genutzt. Auf diese lange Tradition gründet sich unter anderem die Eintragung des Waldviertler Graumohns als geschützte Ursprungsbezeichnung (g. U.). Der Waldviertler Mohnhof bei Ottenschlag ist ein Beispiel für eine Ölmühle, die gutes, kaltgepresstes Mohnöl herstellt.

Lein und Mohn waren auch deshalb so wichtig, weil sie sogenannte trocknende oder härtende Öle sind.

Blühender Lein Foto: Arche Noah

Ölpflanzenbau und Speiseölherstellung in Niederösterreich

Kapsel des Tiroler Mohns Foto: Arche Noah

Die Kunstmalerei lebt von der Leinpflanze: Öl auf Leinen steht bei der Beschreibung von Gemälden der vergangenen Jahrhunderte. Firnis aus Leinöl war der Lack der früheren Zeiten. Hohberg (17. Jh.) wundert sich eher darüber, dass mit Leinöl auch Speisen gekocht werden: *„... hat einen widerwärtigen Geschmack. Ich habs gesehen, dass sie das Lein-Öl aufs Brod, wie Honig oder Butter geschmirt, und also gessen, welches vielleicht mehr gesund als wolschmeckend ist."*

Die Technologie der Ölgewinnung

Die traditionelle Gewinnung des Olivenöles war relativ einfach. Mittels großer auf der schmalen Seite im Kreis rollender Mühlsteine (Kollergang), wurden die Oliven zerquetscht.
Ein Teil des Öles rann von selbst ab, ein größerer Teil des Rückstandes wurde in Säcke gefüllt und ausgepresst. Nach dem Aufschwimmen des Öles konnte dieses abgeschöpft werden.

Für das Auspressen von Ölen aus Samen bedarf es eines größeren Druckes, der mit Hilfe des physikalischen Prinzips des "Keiles" aufgebaut wurde. Nach dem Stampfen und Erwärmen der Saat wurde diese in Öffnungen großer Holzbalken gelegt und durch das Einschlagen von Keilen wurde das Öl ausgepresst. Der Familienname "Ölschläger" stammt von diesem Beruf. In den Niederlanden wurden schon im 17. Jahrhundert die Keile durch windmühlenbetriebene Pochwerke eingeschlagen.

Die moderne Ölgewinnung ist erst im Zuge der Eisen- und Stahlmaschinen im Laufe des 19. Jahrhunderts möglich geworden. Eine moderne Presse besteht aus einem starken Stempel, der den Druck aufbauen kann und einem starken Seiher, das ist ein feiner Lochzylinder, durch den das Öl abfließen kann. Die Stempel werden über ein starkes Stahlgewinde oder mittels Hydraulik betrieben. Später wurden die heute viel gebrauchten Schneckenpressen oder Expellerpressen entwickelt. Mit diesen Maschinen konnte man erstmals große Mengen von Öl auch aus den Saaten der heimischen Landwirtschaft gewinnen.

Keilpresse Foto: Technisches Museum Wien

Mohnsamen Foto: Arche Noah

Neue Ölsaaten schließen die Fettlücke

„Man kann aus allerhand Samen Öl pressen, sonderlich aus dem Capus- oder Kohlkraut-Samen", schreibt Hohberg und nennt damit im 17. Jahrhundert die Gattung Brassica als Ölpflanze. Großflächig wurde der Rübsen (eine Abkürzung des Wortes Rübensamen – Brassica rapa) zur Ölnutzung angebaut. „An etlichen Orten in Teutschland werden ganze Äcker voll mit wilden Rüben gebauet, allein wegen des Samens, den sie dörren und ein Öl daraus machen ... Wird auch wol von armen Leuten in der Speis genossen." Später wurde der aus Holland stammende Raps (eine Abkürzung des holländischen Wortes „raap zaad" für Rübensaat – Brassica napus) genutzt. Der Raps ist inzwischen mit einer Anbaufläche von über 30.000 Hektar zur wichtigsten Ölpflanze Niederösterreichs geworden.

Anfang des 19. Jahrhunderts wurden Sonnenblumenkerne erstmals verwendet: „man befreyet sie auf einer Schälmühle von den dicken Schalen und presst sie dann aus." Auch der Anbau der Sonnenblume (Helianthus annuus) ist inzwischen mit über 20.000 Hektar sehr bedeutend. In den letzten Jahrzehnten sind der Ölkürbis Cucurbita pepo und die Sojabohne Glycine max dazugekommen.

Industrialisierung, Importe, Kriege

In Österreich wurde traditionell vor allem tierisches Fett produziert und konsumiert. In Berggebieten war dies vor allem Butter, die ausgeschmolzen wurde, um ein ideales Handelsprodukt zu erhalten. Schlachtfette waren Schweineschmalz und Rindertalg. Die produzierenden Bauern mussten mit diesen Fetten allerdings sehr sparen. Eine wachsende Zahl von Arbeitern musste mit Fett versorgt werden. Gleichzeitig wurde das Fett auch als Rohstoff in der Industrie und zu Beleuchtungszwecken verstärkt gebraucht. Im Verlauf des 19. Jahrhunderts entstand so eine "Fettlücke". Österreich hatte keine Kolonien und musste Ölsaaten importieren, zum Beispiel Lein, Rübsen oder Senf aus Russland, Rumänien oder Indien.

Durch diese neue Entwicklung entschwand es auch langsam aus dem Bewusstsein der Konsumenten, aus welchen Ölpflanzen die verschiedensten Produkte wie Tafelöle und Margarinen eigentlich hergestellt worden waren. Die Fette haben sozusagen ihre "botanische Identität" verloren. Es war nur wichtig, große Mengen von günstigem Öl und Fett am Weltmarkt zu bekommen und technisch rentabel zu vielen verschiedenen Produkten zu verarbeiten. Im ersten Weltkrieg wurde der Fettmangel dann zur großen Not, sodass Obstkerne gesammelt wurden und Sonnenblumen auf den Bahndämmen angebaut werden sollten.

Dezentrale Ölmühlen

Die Versorgung mit pflanzlichen Ölen war nach dem 2. Weltkrieg gänzlich auf den Import von Ölen und Ölsaaten aus Amerika über Rotterdam angewiesen. Die Inbetriebnahme der Ölmühle Bruck im Jahr 1989 ermöglichte endlich die Verarbeitung von heimischen Saaten, Raps und Sonnenblume, in größerem Maßstab. Heute gibt es zahlreiche Initiativen, pflanzliche Öle in guter Qualität wieder dezentral zu gewinnen, wobei auf manche Schritte der Raffination bewusst verzichtet wird. Die Öle haben so wieder ihren charakteristischen Geschmack und ihre spezielle Identität bekommen.

Ein Beispiel dafür ist die Genossenschaft Alternative Ölmühle Mostviertel (AÖM), in der die Landwirte ihren Raps und ihre Sonnenblumen zu gutem Speiseöl veredeln. Diese Arbeit über die Geschichte der heimischen Ölpflanzen und Pflanzenöle geht letztlich auf eine Recherche für die Ausstellung „Das Sonnenöl" zurück, die in Neuhofen a. d. Ybbs im Ostarrichi-Jahr von Mai bis November 1996 gezeigt wurde. Niederösterreich ist zu einem Land geworden, in dem auf fruchtbaren Ackerböden viele verschiedene Ölpflanzen gut gedeihen und diese auch zu hochwertigen Speiseölen verarbeitet werden können.

Steirischer Ölkürbis Foto: R. Kichler

Weiterführende Literatur:

Franke Wolfgang (1997): Nutzpflanzenkunde. - Georg Thieme Verlag Stuttgart New York

Hohberg, Wolf Helmhart von (1695): Georgica Curiosa Adeliges Land- und Feld Leben, Siebentes Buch vom Ackerbau. Nürnberg bei Martin Endters

Reiner Helmut (1992): Die Sonnenblume (Helianthus annuus) Geschichte einer Nutzpflanze aus Amerika - Katalog des Oberösterreichischen Landesmuseums (Linz) Neue Folge Nr. 61, 257-264

Reiner Helmut (1996): „Das Sonnenöl" Ausstellung in der Alternativen Ölmühle Mostviertel in Neuhofen a.d.Ybbs von Mai bis November, Ostarrichi Jahr

Reiner Helmut (2006): Herkunfts-Identität von Raps- und Rapsprodukten am Markt in Österreich und Verarbeitung in dezentralen Ölmühlen. - Forschungsberichte der Sekt IV des BMGF Bd 2

Kraut und Rüben – harmonische Beziehungen im Gemüsebeet?

Bernhard Haidler

Die Wortkombination „Kraut und Rüben" ist meist etwas negativ behaftet, ein Ausdruck quasi, um Chaos zu beschreiben.

In Bauerngärten hat dieses sprichwörtliche Durcheinander jedoch System und es käme wohl niemand auf die Idee, einen gepflegten Bauerngarten als schlampig zu bezeichnen – obwohl hier tatsächlich viele verschiedene Blumen und Gemüsearten kunterbunt durcheinander wachsen.

Zwischen den prächtigen Paradeiser- und Salatpflanzen blühen Ringelblumen, im Kräutereck duften Salbei, Thymian und Oregano. Löwenmäulchen, Astern, Tagetes oder Jungfer im Grünen dürfen ihren selbst gewählten Platz zwischen den Gemüsepflanzen behaupten, am Zaun entfalten Blütenstauden wie Sonnenhut, Dahlien oder Phlox ihre Pracht.

Lange Tradition, altes Wissen neu entdeckt

Dieses Durcheinander im bäuerlichen Gemüsebeet hat eine lange Tradition. Bereits griechische und römische Naturforscher in der Antike machten Aufzeichnungen darüber, welche Pflanzen sich in unmittelbarer Nachbarschaft gut oder weniger gut vertragen.

Diese Versuche fanden in Klostergärten des Mittelalters ihre Fortsetzung. Damals war es üblich, Blumen, Kräuter und Gemüsepflanzen auf Beeten miteinander zu kombinieren, denn viele heute nur mehr zierende Gartenbewohner wie Rose, Malve oder Madonnenlilie waren als Heilpflanzen in Gebrauch.

Von den Klöstern wurde dieses Wissen an Bauern weitergegeben, in ihren Gärten lebt diese bunte Mischung bis in unsere Tage weiter.

Vieles, was in Bauerngärten seit langem praktiziert wird, ist heute in vielen Gärten wieder modern. Mischkultur und buntes Durcheinander sind in Naturgärten erwünscht, ja haben im Vergleich zur Monokultur sogar viele Vorteile.

Vorteile von Mischkulturen

Partnerpflanzen mit attraktiven Blüten etwa locken Hummeln und Bienen zur Bestäubung von Fruchtgemüse an. Sie ziehen aber auch zahlreiche Nützlinge wie Marienkäfer oder Schwebfliegen magisch an.

Marienkäfer Foto: B. Haidler

Diese legen Eier bevorzugt in Blattlauskolonien. Ihre Larven fressen die Blattläuse auf. Schmetterlingsblütler wie Bohnen, Erbsen oder Lupinen wiederum sind in der Lage, mit Hilfe von Bakterien in ihren Wurzeln Stickstoff aus der Luft zu binden und im Boden an-

Mischkultur im Schaugarten Huber
Foto: Natur im Garten/ A. Haiden

zureichern. Gründüngungspflanzen wie Spinat scheiden über ihre Wurzeln Saponine aus – Stoffe, die Bodengesundheit und Pflanzenwachstum fördern.

Oft ist die Wirkung aber auch ganz banal. Blätter der Kapuzinerkresse beschatten den Boden, hemmen dadurch die Verdunstung und unterdrücken Beikräuter. Zuckermais hingegen kann anderen Gemüsepflanzen wie Bohnen oder Erbsen als Stütze dienen.

Pflanzenschutz hängt nicht nur von der richtigen Mischkultur ab!

Schädlinge werden von ihren Wirtspflanzen meist durch ihren spezifischen Duft angelockt. Stehen viele verschiedene Gemüsepflanzen und Blumen in einem Beet, so entsteht ein wahrer Duftcocktail, aus dem der Schädling erst mühsam die richtige Duftfahne herausfiltern muss. Manche der ungebetenen Besucher landen dann auf der falschen Pflanze, von wo sie mit der Suche aufs Neue beginnen müssen. Je mehr unterschiedliche Pflanzenarten also im Beet wachsen, desto eher werden Schadinsekten vom richtigen Wirt abgelenkt.

Beim Pflanzenschutz nur auf die Mischkultur zu vertrauen wäre jedoch fatal. Sie ist nur eine von vielen vorbeugenden Maßnahmen wie die Wahl resistenter oder standortgerechter Sorten, umsichtige Bodenpflege, Vermeidung von Überdüngung, Einhaltung korrekter Pflanzabstände und so weiter. Kommt es in manchen Jahren aufgrund witte-

Hochbeet
Foto: J. Brocks/Natur im Garten

rungsbedingter Gegebenheiten zur Massenvermehrung von bestimmten Schädlingen, so ist auch die Mischkultur kein Allheilmittel.

Worauf es ankommt: Kein wahlloses Durcheinander

Das wichtigste Gebot bei der Zusammenstellung der künftigen Partner: Die Mischung soll Sinn machen und praktikabel sein. Auch wenn Kohlgewächse sich laut diverser Mischkulturtabellen gut mit Kamille oder Dille vertragen, heißt das nicht, dass der Kohl aufs Kräuterbeet gepflanzt wird, denn dort würde er als Nährstoff liebender Starkzehrer „verhungern". Es ist vielmehr so, dass die genügsamen Kräuter im Gemüsegarten zu Gast sein dürfen, wo sie Lücken auffüllen.

Kräuter, die mit ihrem starken Duft im Rosenbeet Blattläuse fernhalten sollen, werden so ausgewählt, dass sie in einem lockeren, humosen und frischen Boden, wie Rosen ihn mögen, optimal gedeihen können. Hier würden sich Weinraute oder Baldrian anbieten. Die manchmal als Rosenbegleiter gepriesenen Lavendel, Ysop, Thymian und Salbei brauchen jedoch magere und trockene Standorte. Auf reichhaltigen Rosenstandorten wachsen sie nicht optimal und können die zur Vergrämung der Läuse notwendigen ätherischen Öle nicht ausreichend bilden.

Als gute Partner erweisen sich weiters schmale, hohe Gemüsearten wie Porree und in die Breite wachsen-

Hochbeet mit Mischkultur Foto: J. Brocks/Natur im Garten

den Arten wie Salat. Flachwurzler wie Erbsen, Gurken und Kohlrabi ergänzen sich gut mit Tiefwurzlern wie Paradeiser und Karotten.

Grundsätzlich ist darauf zu achten, dass die zu kombinierenden Arten ähnliche Ansprüche an den Standort stellen. So passen die Pfefferminze und Kohl sehr gut zusammen, weil sie auf nährstoffreichen und feuchten Standorten gut gedeihen. Basilikum fühlt sich in der Nähe der Wärme liebenden Südländer Paprika oder Paradeiser wohl. Besonders raumgreifende Kräuterarten wie Borretsch oder Liebstöckel platziert man am besten am Rande des Gemüsebeets, um Nährstoff- und Lichtkonkurrenz zu vermeiden. Der häufigste Fehler bei der Anlage von Mischkulturen ist ein zu geringer Pflanzabstand, wodurch die Pflanzen erst recht krankheitsanfällig und klein bleiben.

Auf die Familie achten!

Angehörige der gleichen Pflanzenfamilie scheiden über die Wurzeln ähnliche Substanzen aus und hemmen sich dadurch gegenseitig. In der Regel locken sie auch ober- und unterirdisch dieselben Schädlinge und Krankheitserreger an. Aus diesen Gründen vermeidet man es, Mitglieder einer Pflanzenfamilie unmittelbar neben- oder nacheinander auf dasselbe Beet zu pflanzen (z. B. Bohnen und Erbsen – beides Leguminosen).

Mischkultur Foto: J. Brocks/Natur im Garten

Räumliche und zeitliche Ausnutzung des Beetes

Zur Erhaltung einer optimalen Krümelstruktur des Bodens und um Unkrautwuchs zu unterdrücken, werden Gemüsekulturen in Mischkulturen so geplant, dass die Beete immer von Pflanzen bedeckt sind. Der freie Platz zwischen den zunächst noch kleinen Pflänzchen der Hauptkultur (z. B. Frühkraut) wird von den Nebenkulturen (z. B. Spinat, Salat, Kohlrabi …) optimal ausgenutzt, um zeitgerecht Platz für die Entfaltung der Hauptkultur zu machen. Grundsätzlich gilt: Wo eine Art abgeerntet wurde, sät oder pflanzt man eine andere Gemüseart nach, oder füllt den Platz mit Gründüngungspflanzen auf.

Um Erfolg zu haben, macht man sich am besten jedes Jahr Aufzeichnungen über die ausprobierten Mischkulturen in einem Gartentagebuch. Nach dem Motto: „Was hat funktioniert und was nicht." So finden Sie im Laufe der Zeit selbst heraus, welche Kombinationen gute Erfolge bringen.

Ein Klassiker: Frühkartoffeln, Spinat & Radieschen gefolgt von Poree & Grünkohl.

Zwischen zwei Reihen Frühkartoffeln werden eine Reihe Spinat und am Rand jeweils eine Reihe Radieschen ausgesät. Bis sich die Erdäpfel ausbreiten, sind Radieschen und Spinat bereits abgeerntet. Nach der Kartoffelernte werden Poree und Grünkohl gepflanzt. Sie bleiben bis zum Spätwinter am Beet stehen.

Mischkultur der Maya: Stangenbohnen, Mais & Kürbis

Die Stangenbohnen klettern am Mais empor, Kürbisblätter beschatten den Boden, wodurch Unkraut unterdrückt wird. Durch diese Art der Mischkultur wird der Maisertrag gesteigert, als Draufgabe erntet man Bohnen und Kürbisse.

- Rundes Beet von 45 bis 90 cm vorbereiten
- Mitte Mai 4 bis 7 Zuckermais-Samen im Abstand von 15 cm in die Mitte des Beetes säen (3 Pflanzen belassen)

Mischkultur im Bauerngarten: Was hier schon lange praktiziert wird, ist heute modern
Foto: Natur im Garten/J. Brocks

- 2 Wochen später 6 Bohnensamen im Kreis mit 15 cm Abstand vom Mais säen (4 Pflanzen belassen)
- 1 Woche später 4 Kürbissamen im Abstand von 30 cm vom Mais säen (1 Pflanze belassen)

Weiterführende Literatur

Natalie Fassmann (2009): „Auf gute Nachbarschaft – Mischkultur im Garten", Pala Verlag

Marie Luise Kreuter (1997): „Der Biogarten", BLV Verlag

Karin Hochegger (2006): „Bauerngärten", Agrarverlag

(2006): Kraut & Rüben, Biologisches Gärtnern und naturgemäßes Leben, Ausgabe April

(2005): Kraut & Rüben, Biologisches Gärtnern und naturgemäßes Leben, Ausgabe Jänner

Verzeichnis der Autoren

Herausgeber

Dr. Erich Steiner, Landesmuseum Niederösterreich, Kulturbezirk 5, 3100 St. Pölten,
E-Mail: erich.steiner@noel.gv.at

AutorInnen

Mag. Michaela Arndorfer, Institut für ökologischen Landbau, Abteilung für nachhaltige Agrarsysteme, Bodenkultur, Universität Wien, Gregor Mendelstraße 33, 1180 Wien,
E-Mail: michaela.arndorfer@boku.ac.at

Mag. Martin Bauer, Institut für Geschichte des ländlichen Raumes, Landhausplatz 1, Kulturbezirk 4, 3100 St. Pölten, E-Mail: martin.bauer2@noel.gv.at

DI Dr. Heinrich Grausgruber, Dep. Angew. Pflanzenwissenschaften und Biotechnologie, Bodenkultur, Universität Wien, Gregor Mendelstraße 33, 1180 Wien, E-Mail: heinrich.grausgruber@boku.ac.at

Mag. Andrea Gruber-Keil Verein „Kultur – Landschaft", Donaustraße 12, 3422 Altenberg,
E-Mail: andrea-gruber@gmx.at

Mag. Bernhard Haidler, Umweltschutzverein Bürger und Umwelt, Geschäftsbereich Natur im Garten, Graben 40a, 3300 Amstetten,
E-Mail: bernhard.haidler@naturimgarten.at

Dr. Ingrid Haslinger, Michael Wielandstraße 36, 2232 Deutsch-Wagram, E-Mail: ingrid.haslinger@aon.at

DI Andrea Heistinger, Kultur Pflanzen Konzepte GmbH, Untere Straße 5, 3553 Schiltern,
E-Mail: andrea@heistinger.at

Mag. Bernhard Kaar, Crocus Austriacus - Wachauer Safran, Unterloiben 29, 3601 Dürnstein,
E-Mail: info@crocus-austriacus.at

DI Bernd Kajtna, Arche Noah, Obere Straße 40, 3553 Schiltern, E-Mail: bernd.kajtna@arche-noah.at

Dr. Martina Kaller-Dietrich, Institut für Geschichte, Universität Wien, Dr. Karl Lueger Ring 1, 1010 Wien,
E-Mail: martina.kaller-dietrich@univie.ac.at

Ao. Univ. Prof. Dr. Marianne Kohler-Schneider, Institut für Botanik, Bodenkultur, Universität Wien, Gregor Mendelstraße 33, 1180 Wien,
E-Mail: marianne.kohler-schneider@boku.ac.at

Mag. Beate Koller, Arche Noah, Obere Straße 40, 3553 Schiltern, E-Mail: beate.koller@arche-noah.at

Ao. Prof. Dr. Erich Landsteiner, Institut für Wirtschafts- und Sozialgeschichte, Universität Wien, Dr. Karl Lueger Ring 1 A, 1010 Wien,
E-Mail: erich.landsteiner@univie.ac.at

Dr. Ernst Langthaler, Institut für Geschichte des ländlichen Raumes, Landhausplatz 1, Kulturbezirk 4, 3100 St. Pölten, E-Mail: ernst.langthaler@noel.gv.at

Dir. DI Ferdinand Lembacher, Landwirtschaftskammer NÖ, Fachabteilung Pflanzenproduktion, Wiener Straße 64, 3100 St. Pölten,
E-Mail: ferdinand.lembacher@lk-noe.at

DI Helmut Reiner, Pflanze – Lebensmittel – Qualität, Ingenieurbüro für Lebensmittel- und Biotechnologie, Grünentorgasse 19/12, 1090 Wien,
E-Mail: helmut.reiner@teleweb.at

DI Irmi Salzer, 7532 Litzelsdorf 204,
E-Mail: irmi.salzer@gmx.at

Georg Schramayr, Naturvermittler, Grünz 17, 3123 Obritzberg, E-Mail: georg@schramayr.com